L'AMI DE CŒUR

Né en 1933 à Châteaudun, Jean-Pierre Ferrière publie son premier roman en 1957, un policier humoristique : *Cadavres en solde*. Une cinquantaine de livres suivront, dont quelques-uns seront portés au grand et au petit écran : *Les Veuves* (avec Danielle Darrieux), *Constance aux enfers* (avec Michèle Morgan), *La Mort en sautoir* (avec Danielle Darrieux), *Une atroce petite musique* (avec Alice Sapritch). Il écrit aussi directement pour le cinéma : *Divine* (avec Danielle Darrieux, son interprète préférée) et pour le théâtre : *La Femme-Femme*. Ses derniers romans ont pour titre : *La Femme en néon, Le Carnet noir de Rosemonde Talbot, Boulevard des stars, Chambres séparées, Bronzage intégral, Une Femme sans histoires, Tout pour le rôle.*

Paru dans Le Livre de Poche :

Bronzage intégral.
Une Femme sans histoires.
Tout pour le rôle.

JEAN-PIERRE FERRIÈRE

L'Ami de cœur

LE LIVRE DE POCHE

© Librairie Générale Française, 1985.

MARION se baissa pour cueillir quelques primevères – les premières de l'année – et en se relevant éprouva l'impression d'être délivrée d'un poids considérable, celui des regrets et des remords qui avaient empoisonné ses joies et ses enthousiasmes depuis un an, depuis le drame. La soudaineté, la flagrance de l'évolution de ses sentiments la laissèrent étourdie, incrédule car elle craignait évidemment que l'accalmie ne durât point. Guettant le retour des démons familiers, Marion s'aperçut que sa sérénité s'affirmait de minute en minute et, bientôt, ne douta plus. Elle lui était définitivement acquise. La femme qui respirait le parfum des fleurs n'était plus celle qui s'était penchée sur elles pour les cueillir.

Naturellement, durant ces derniers mois, il était arrivé à Marion d'oublier son chagrin, de se croire totalement innocente et même d'éclater de rire mais ces moments de répit avaient toujours été gâchés par le regard des autres, de ceux qui en avaient été les témoins.

On l'avait, plus ou moins sournoisement, critiquée, soupçonnée, condamnée, mais aujourd'hui, en cet instant précis, béni, son ciel redevenait bleu et elle s'étonnait maintenant d'avoir tant souffert.

Les fleurs à la main, légère, heureuse enfin, Marion traversa le jardin et regagna la maison qu'hier encore elle voulait vendre et qui lui parut à nouveau aussi précieuse qu'indispensable à son équilibre. Si elle avait, jusqu'ici, réussi à tenir tête à un lancinant désir de fuite, c'était à cause de son fils qui aimait cet ancien pavillon de chasse, judicieusement restauré, agrandi, surélevé, et refusait de vivre à Paris.

« Jérôme a raison! J'étais folle... »

Penser à son fils lui donna envie de le retrouver au plus vite. Le samedi matin, Jérôme prenait un cours de karaté à Montfort-l'Amaury et, au retour, s'arrêtait chez sa grand-mère qu'il ramenait parfois pour le déjeuner.

Marion décida d'aller à sa rencontre – Montfort n'était qu'à cinq kilomètres – et, tout d'abord, de se faire belle. Non qu'elle eût l'habitude de négliger son apparence mais le week-end incitait à la décontraction, voire au débraillé, et elle souhaitait ardemment accorder son image à son humeur. Pour le plaisir.

Adrienne, la cuisinière-femme de ménage, qui observait sa patronne par l'une des fenêtres du rez-de-chaussée – ce n'était ni de la surveillance ni de l'indiscrétion mais, tout simplement, de l'intérêt pour son entourage – remarqua immédiatement le changement survenu chez Marion et ne put s'empêcher de le commenter à la façon d'une femme généreuse au fond mais aigre en surface et qui considérait l'amabilité comme une faiblesse de caractère :

« Vous avez appris une bonne nouvelle, ou quoi?

– C'est exactement ça, dit Marion avec un sourire.

– Et par qui? Vous étiez toute seule...

– Le vent!
– Il n'y a pas de vent! » répliqua Adrienne, logique et implacable, avant de refermer bruyamment la fenêtre pour exprimer son mécontentement.

Marion pénétra dans la maison, grimpa à l'étage et, une fois dans sa chambre, troqua son jean et son pull contre une robe en lainage couleur émeraude, décolletée en V, fluide, ondoyante. C'était un modèle de la nouvelle collection, modèle qui, Marion en était certaine, remporterait un grand succès.

Elle soigna son maquillage comme s'il s'agissait d'affronter une meute de photographes ou les caméras de la télévision, donna une douzaine de coups de brosse à sa longue chevelure châtain et se déclara « reçue avec mention » à l'examen-miroir! Sans être d'une beauté idéale, Marion pouvait avouer trente ans alors qu'elle en avait six de plus. Elle savait qu'elle « bougeait bien » – l'expérience des planches? – et nombreux étaient les hommes qui se retournaient sur son passage. Elle appréciait ce genre d'hommage mais demandait à ses admirateurs de s'en tenir là.

Marion rejoignit Adrienne que sa métamorphose sembla contrarier :

« Vous déjeunez en ville ou vous attendez des invités? Je ne cuisine pas dans le vide, moi!

– Je déjeune ici avec Jérôme. Et peut-être Mme Chassagnes. C'est tout.

– Dans cette tenue?

– Oui. Et je vous autorise à sortir l'argenterie! »

Adrienne leva épaules et sourcils, ce que Marion ne vit pas car elle était déjà loin, affrontant un soleil d'été fort incongru en ce début d'avril.

Bien qu'habituellement assez insensible au spectacle de la nature – l'asphalte, les néons, le métro l'attiraient davantage – Marion nota malgré tout une explosion de verdure, une luxuriance qui lui avaient échappé et qui la charmèrent. Elle eut aussi la sensation qu'en entremêlant harmonieusement leurs branches, feuilles confondues, les arbres l'exhortaient à faire confiance à autrui.

Elle marchait vite et vite se le reprocha. « Ce n'est pas une course, mais une promenade! » se dit-elle afin de se contraindre à adopter un tempo de flâneuse. Mais le besoin de se dépenser, l'allégresse eurent raison de ses résolutions.

Au détour du chemin, Marion eut un petit choc de surprise en découvrant à une vingtaine de mètres de là une jeune femme, blond platine, coiffure mousseuse et visage de poupée, long trench-coat noir avec pattes boutonnées aux épaules et sac, également noir, en bandoulière. Inexpressive, immobile, elle se tenait debout, appuyée à la carrosserie d'une Morgan rouge, garée sur le bas-côté, portière avant ouverte.

L'inconnue regardait fixement Marion et celle-ci, devant une insistance si marquée, se posa des questions.

« On dirait qu'elle m'attend », pensa-t-elle, amusée par l'extravagance de ses déductions.

« Joli sac, jolies chaussures », se dit-elle encore, en s'approchant sans cesser de détailler la jeune femme. « Serait-elle en panne? » Parce qu'elle était au mieux de sa forme, donc prédisposée à la bienveillance, Marion se préparait à sourire à l'inconnue et à lui proposer éventuellement de l'aide.

Elle n'en eut pas le temps. L'inconnue glissa sa main dans son sac et en extirpa un revolver qu'elle brandit.

Etait-ce une plaisanterie ou cette femme avait-elle perdu la raison? Marion devait-elle rire ou prendre peur?

CHAPITRE I

Le train de banlieue filait vers la gare Montparnasse. Par la vitre du compartiment, Marion, emmitouflée dans son manteau de castor beige, regardait le ciel gris, nuit précoce, et la neige qui durcissait dans les jardins et sur les toits des pavillons, spectacle déprimant qui évoquait irrésistiblement pour elle ces vieux films en noir et blanc, tournés pendant l'Occupation, et que la télévision diffusait à la sauvette l'après-midi. Des films qui enchantaient et rajeunissaient Mamy, sa belle-mère.

Mamy, la mère de Guillaume, son mari... Ramenée par le biais du paysage à sa situation familiale et sentimentale, Marion tenta, une fois de plus, d'assumer une dualité qui, sans lui peser, posait quand même certains problèmes. Des problèmes qui, tôt ou tard elle le craignait fortement, éclateraient au grand jour.

« Après tout, cela vaudrait peut-être mieux... »

Non, Marion n'était pas sincère et elle souhaitait profondément pouvoir continuer à mener sa barque d'un rivage à l'autre.

Guillaume... « Un bon mari en somme », se dit-elle après avoir recensé, à toute vitesse tant l'opération lui était habituelle, ses qualités et ses défauts qui s'équilibraient; elle l'admettait volontiers. L'aimait-elle encore? L'aimait-elle toujours?

Désireuse de se soustraire à une question qui l'embarrassait et à laquelle elle répondait différemment selon les heures et son humeur, Marion s'autorisa à penser à Frédéric, son partenaire et son amant, qu'elle associa immédiatement à des images voluptueuses. Frédéric qu'elle allait rejoindre et pour lequel elle courait le risque de perdre son fils, son mari et une existence confortable...

S'il y avait deux hommes dans sa vie, il y avait également deux femmes en elle : Marion Chassagnes, de Montfort-l'Amaury, épouse de Guillaume et mère de Jérôme et *Marion Mounier* sur les affiches du théâtre de la Harpe.

Car Marion était comédienne... et Mounier, son nom de jeune fille. Et elle avait l'étrange impression de tromper Guillaume autant avec son amant qu'avec le théâtre. Avec cette différence : Guillaume ignorait que Frédéric ne l'embrassait pas seulement sur les planches! Guillaume haïssait le métier de sa femme, sa « carrière » – mot qu'il mettait toujours oralement entre guillemets quand il le prononçait... et avec quel mépris. Insupportable! Il ne cessait de lui démontrer, de vouloir la convaincre qu'elle avait tort de s'acharner à défendre des pièces difficiles au sein d'une troupe marginale dans des théâtres de cent places. Ah! si Marion donnait la réplique à Michel Piccoli ou à François Périer sur la scène du Gymnase ou du Cambon, Guillaume se serait incliné. Mieux : il aurait applaudi, fier et flatté.

Mais le théâtre de la Harpe où se produisait Marion qui appartenait présentement à la troupe d'Alexandre Lombal n'avait rien pour subjuguer Guillaume.

Située rue de la Harpe, au cœur du Quartier latin, la salle pouvait contenir cent cinquante-trois spectateurs auxquels elle offrait des sièges branlants, un plancher mouvementé et des murs fissurés... mais également une atmosphère fervente, passionnée, que percevait un public fidèle et, d'ailleurs, tout aussi sensible aux échos de la lutte permanente qui opposait la troupe au propriétaire des lieux. En effet, partagé entre son amour du théâtre et son avarice, le vieux Bardinet refusait obstinément d'installer le chauffage dans les loges (deux loges, pas davantage : celle des hommes et celle des femmes.)

Les jours de grand froid – hier, aujourd'hui et demain – avant, pendant et après la représentation, pour se maquiller et même pour se changer, les acteurs se réunissaient à la Consigne, un petit café qui faisait face au théâtre. Juste la rue à traverser et, pour ne pas rater son entrée, il suffisait de garder un œil sur sa montre.

Marion adorait cette ambiance...

« ... parce que tu as une maison à toi, ton confort et que tu n'es pas forcée de courir le cachet ! » affirmait Guillaume qui, Marion devait en convenir, n'avait pas entièrement tort.

Elle pouvait dépenser à sa guise et sans compter l'argent que gagnait son mari dans le prêt-à-porter féminin – la griffe *Clélia*.

Mais l'argent, était-ce vraiment important ? Oui et non. Marion lui préférait le théâtre, la troupe d'Alexandre Lombal et Frédéric... mais n'entendait pas du tout leur sacrifier sa maison et surtout sa vie familiale.

Alors, qui l'emporterait de Marion Chassagnes et de Marion Mounier ? Aucune des deux, elle l'espérait bien ! A condition de ne pas éveiller la jalousie de son mari et de lui fournir des prétextes valables et invérifiables quand elle avait rendez-vous avec Frédéric : audition aux Buttes-Chaumont pour la télévision ou chez un producteur de cinéma, lecture d'une pièce nouvelle chez Alexandre Lombal, service à rendre à l'une des comédiennes de la troupe. Marion n'était jamais à court de mensonge. Elle mentait d'ailleurs à peine : elle s'était déjà acquittée la veille de l'obligation évoquée ou devait s'en débarrasser deux jours plus tard.

Guillaume était terriblement jaloux... mais pas très fidèle. Marion n'avait pas de preuve – et n'en cherchait pas – mais elle trouvait que les secrétaires défilaient à un rythme accéléré dans les bureaux de la rue Récamier. Et à l'époque des salons du prêt-à-porter, Guillaume rentrait à Montfort empestant *Coco* de Chanel ou *Forban*. Marion s'abstenait cependant de commenter ces défaillances supposées et qui pimentaient un peu ses rapports conjugaux. Pourquoi Guillaume n'adoptait-il pas la même attitude à son égard : indulgence et légèreté? Réponse élémentaire mais que, Dieu merci, personne d'autre que Marion n'était en mesure de fournir : parce que Frédéric était son amant depuis deux ans et son SEUL amant. Ce qui, dans l'optique de Guillaume, était beaucoup plus grave et plus condamnable que de papillonner à droite et à gauche.

Et si, un jour, un triste jour, Marion était au pied du mur, démasquée et mise en demeure de choisir? Non, non, Marion fuyait ce sombre futur où elle se voyait séparée d'un fils qu'elle aimait plus que tout – plus que tout, réellement? – et qui ressemblait tellement à son père. Jérôme : un Guillaume en réduction puisqu'il allait avoir treize ans et dont la lèvre supérieure s'ornait d'une ombre de moustache. Incroyable! Face à ce presque-adolescent étrangement calme et dans lequel elle avait peine à retrouver l'enfant qui avait tant exigé d'elle, Marion était souvent prise de timidité.

Jamais, elle n'accepterait de respirer loin de lui.

Alors, rompre avec Frédéric? Non, elle y tenait beaucoup trop. A l'idée de devoir le rayer de son univers, elle se révoltait, elle dépérissait déjà. Frédéric, avec son visage anguleux, ses yeux clairs, sa bouche ironique, ses larges épaules, son ventre plat, ses cuisses musclées. Comme elle avait hâte d'être nue contre lui...

Et puis Frédéric n'était pas uniquement un homme qu'elle aimait et désirait, c'était aussi un acteur. Ils avaient le même horizon, les mêmes aspirations. Quoique...

« Tu as un physique, du talent, mais tu ne sais pas te mettre en valeur, tu ne sais pas te " vendre " ! » répétait Marion à son amant qui, d'ailleurs, ne protestait pas.

Frédéric Renoir manquait d'ambition et peut-être de chance mais à trente-trois ans, indifférent à la gloire comme à la fortune, il était heureux de son sort.

Cher Frédéric...

Marion passait en moyenne deux ou trois après-midi par semaine chez son amant. Elle l'aurait bien vu tous les jours mais elle eût alors redouté que Guillaume ne nourrisse quelques soupçons et ne la fasse suivre. Il n'hésiterait nullement à engager un détective privé, Marion en était convaincue.

« Ce serait monstrueux! » murmura-t-elle avec indignation, se répondant à elle-même.

Arrachées à leur somnolence, à leur apathie, les autres voyageurs assis dans le compartiment lui lancèrent des regards étonnés, pleins d'espoir, avant de redevenir des prostrés en transit.

Derrière la vitre épaisse, la neige s'était remise à tomber, escamotant le monde.

*

Frédéric riait toujours après l'amour et Marion ne se lassait pas de l'entendre d'autant que cette manifestation de contentement s'accompagnait d'une série de lentes caresses et de petits baisers. Quel contraste avec son mari qui, la chose faite, bâillait sans retenue et ne pensait plus qu'à dormir! Non, là, Marion était injuste. Il arrivait à Guillaume de lui demander gentiment : « Ça va? Tu es bien? » mais il se fichait éperdument de la réponse, persuadé qu'elle ne pouvait être qu'affirmative.

Elle était arrivée vers 16 h 30 au 7 *bis* de la rue du Cardinal-Lemoine, non loin du Panthéon, et, à peine entrée, elle avait été tendrement poussée sur le matelas avachi et fugueur qui débordait du sommier posé à même le plancher. Dans ses deux pièces tapissées de vieilles affiches de théâtre fixées aux murs par des punaises, Frédéric entassait sans complexes vêtements roulés en boule, ustensiles de cuisine, vidéo-cassettes et manuscrits. « Mon foutoir », disait-il et l'expression était adéquate. Les quelques fois où Marion avait émis des velléités de rangement, Frédéric, conciliant, avait répliqué :

« Si ça t'amuse... mais demain, ce sera pire! »

Et elle n'avait pas insisté.

Après l'amour, donc, Frédéric avait ri en embrassant les seins de Marion mais celle-ci, frissonnante, avait enfilé une robe de chambre couleur tabac et réclamé du thé bouillant. On était en janvier et le radiateur à huile qui chauffait tout l'appartement ressemblait à un jouet et manquait de puissance. Nu parce qu'insensible au froid, Frédéric avait gagné le réduit noirâtre qui tenait lieu de cuisine. Il en rapporta bientôt une théière, deux tasses ébréchées et quelques morceaux de sucre en équilibre sur un plateau parsemé de miettes de pain et de larmes poisseuses de confiture. Il sifflait à tue-tête et Marion qui comparait justement avec irritation cette gaieté et l'indolence manifestée par Guillaume dans la même situation passa curieusement sa mauvaise humeur sur son amant.

« Il faut toujours que tu siffles, que tu t'extériorises...
— J'ai tort?
— Non.
— Tu dis non mais j'entends oui! »

Marion se rendit compte de la stupidité de sa conduite et avoua :

« Pardonne-moi. En t'agressant, je m'adressais à Guillaume.
— ... qui ne sait ni rire ni siffler!
— Exactement. Mais assez parlé de lui.
— Pourquoi? Guillaume est un sujet...
— ... dont nous avons fait le tour, coupa Marion pour se contredire immédiatement : J'ai souvent envie de divorcer. Seulement, il y a Jérôme... mais si je sentais que tu voulais vraiment que je vienne vivre avec toi... naturellement pas ici! conclut-elle d'un ton moqueur.
— Je suis comme toi, dit Frédéric en farfouillant dans ses longues mèches brunes. A certains moments, je trouve stupide d'être séparés...
— Et à d'autres?
— Je me demande si tu serais heureuse avec moi. Comme amant, je crois être convenable mais ai-je une gueule de conjoint?
— Il y a un mois, tu as bien failli me voir t'envahir. J'étais décidée. J'avais même bouclé ma valise... et rédigé une lettre d'explications pour Guillaume.
— Un mois? » répéta Frédéric, étonné et les sourcils froncés par l'effort fourni pour explorer sa mémoire à la recherche d'un détail, d'une phrase

qui avait dû galvaniser Marion et qu'il n'avait pas pu ou pas su déchiffrer.

De son côté, Marion se livrait à une opération du même genre car elle ne se souvenait absolument plus de la raison pour laquelle elle avait changé d'avis, défait sa valise et déchiré sa lettre. Plusieurs raisons, probablement; comme toujours, elle avait mis en balance le « foutoir » de Frédéric et la maison de Montfort-l'Amaury et regretté de devoir laisser ses bijoux...

« ... et puis Jérôme est tombé malade », inventa-t-elle parce que Frédéric attendait une précision.

Pourquoi avait-elle dit cela? Ne risquait-elle pas d'attirer le malheur sur la tête de son fils? Elle se reprocha d'avoir menti et d'être, aujourd'hui, si superstitieuse, si vulnérable. Et comme elle s'en voulait, elle en voulut à Frédéric.

« Ton thé n'est pas bon et tu n'as pas de citron, dit-elle, désagréable après avoir versé le fond de sa tasse dans la théière.

– Le thé n'est pas bon et toi, tu es mauvaise! » répliqua-t-il, placide, en jouant d'une main avec son sexe.

Marion s'en aperçut et ne supporta pas l'idée qu'il la désirait à nouveau. Elle se leva d'un bond et se dirigea vers le cabinet de toilette mais Frédéric tendit un bras et parvint à saisir le bas du peignoir. Il tira énergiquement afin de ramener Marion sur le lit. L'étoffe usée se déchira dans toute sa largeur et Marion apparut les fesses à l'air.

« Mon peignoir! » s'exclama-t-il, sincèrement désolé.

Marion n'ignorait pas l'attachement que portait Frédéric à ce vieux vêtement, relique d'une tournée prestigieuse, et vit là une excellente occasion d'écourter une câline-partie dont, bizarrement, elle était lasse, tout en faisant preuve de générosité.

« Je vais t'en offrir un. Plus élégant, plus somptueux. Après tout, pourquoi ne te couvrirais-je pas de cadeaux? ajouta-t-elle avec humeur comme si Frédéric se préparait à rejeter sa proposition.

– Mais je n'ai pas protesté, répliqua-t-il. D'ailleurs, j'ai toujours rêvé d'être entretenu!

– Habille-toi, ordonna-t-elle.

– Ah! bon, pas de... »

Il désigna son bas-ventre dont l'émoi était encore évident.

« C'est ça ou le cadeau! » annonça-t-elle, certaine de la réponse.

Dix minutes plus tard, Marion demandait à un chauffeur de taxi de les conduire chez Nicolas Rizzi, le couturier de l'avenue Montaigne.

La voiture traversait la Seine. Comme libérée d'une entrave, Marion se blottit contre Frédéric et se mit à rire. Elle riait de sa propre inconséquence, de sa nervosité envolée.

Dans les salons tendus de voiles irisés de Nicolas Rizzi, le duffle-coat fatigué de Frédéric contrastait avec le castor beige de Marion mais les deux amants n'en avaient cure. Ils se firent présenter une dizaine de robes de chambre que Frédéric enfila par-dessus son pull à col roulé et son pantalon poché aux genoux et fixèrent leur choix sur un modèle en éponge-velours bleu électrique avec les initiales du couturier brodées à hauteur du cœur... « le style boxeur raffiné » indiqua la vendeuse, suave.

Enchanté, Frédéric sauta sur Marion et l'embrassa sur la bouche. Elle détourna rapidement la tête. N'y avait-il pas dans l'assistance une personne – vendeuse ou cliente – qu'elle et son mari connaissaient peu ou prou et qui, étonnée des marques d'affection prodiguées par Frédéric, bavarderait à tort et à travers?

« Tu as besoin d'une ou deux cravates », dit-elle, craignant que son amant ne se vexât d'avoir été repoussé.

Du rayon des parfums, une femme blonde et pincée, manteau d'astrakan clair à col officier, observait le couple depuis un moment, attentive à ne pas se faire remarquer. Quand Marion et Frédéric émigrèrent vers le rayon des cravates, elle courut s'enfermer dans l'une des cabines téléphoniques d'où les clientes du couturier pouvaient appeler, sans bourse délier mais uniquement à Paris, leurs amies ou les hommes de leur vie et ne s'en privaient pas. Pianotant sur des touches, Bénédicte d'Arcet composa le numéro du bureau de Guillaume Chassagnes. Quinze ans plus tôt, elle avait flirté avec Guillaume et ne s'était pas consolée d'avoir été supplantée par Marion. L'heure de la vengeance avait sonné.

*

Marion et Frédéric avaient pour règle première de ne jamais arriver ensemble au théâtre mais, ce soir-là, mis en retard par leur escapade chez Nicolas Rizzi et les embouteillages, ils dérogèrent à cette habitude. Pour une fois...

Personne n'était au courant de leur liaison à part Christophe Aubry, meilleur ami de Frédéric et journaliste. Comédiens à la ville comme à la scène, les amants n'avaient aucun mal, en coulisse ou dans les loges, à maîtriser leurs sentiments et leurs élans.

Ils savaient pourtant qu'en affichant leurs amours, ils n'auraient regroupé autour d'eux que des alliés, des complices, car la troupe n'éprouvait aucune sympathie (et c'était réciproque!) pour Guillaume Chassagnes qui venait presque chaque soir à

La Consigne chercher sa femme après la représentation. Mais Marion et Frédéric préféraient ne pas tenter le diable...

Rue de la Harpe, il fallait pousser une porte étroite, jouxtant celle du théâtre, et longer un couloir taché et craquelé par l'humidité – « Le boyau de l'enfer! » disait Alexandre Lombal – pour déboucher sur les loges.

Frédéric et Marion profitèrent de l'obscurité – l'unique ampoule avait été cassée et non remplacée – pour s'embrasser longuement.

« On se voit demain ? demanda-t-il.

– Je te téléphone... »

Pierre Paquet, dit Pierrot, qui sortait des W.-C. à la turque dans un bruit d'éclaboussement d'eau cligna de l'œil en direction des amants maintenant éclairés.

« Salut ! »

Une petite taille qui le prédisposait à jouer les bouffons inquiétants ou les valets retors, des cheveux noirs ondulés et des oreilles un peu pointues, Pierrot avait un côté titi extrêmement prononcé à la ville.

« Salut ! répéta Frédéric en s'écartant de Marion mais sans ostentation.

– Les autres sont à *La Consigne*. Ça chauffe ! annonça Pierrot qui plongea les W.-C. dans le noir. Ou plutôt, ça ne chauffe pas ! Il y a de la pétition dans l'air. A défaut de signer des autographes... » conclut-il en écarquillant exagérément les yeux.

La lutte s'intensifiait donc contre Bardinet qui refusait toujours obstinément d'installer un radiateur dans chaque loge.

Frédéric, Marion et Pierrot rejoignirent leurs camarades qui buvaient des grogs ou dînaient d'une assiette anglaise arrosée d'un pichet de vin rouge en maudissant Bardinet.

On s'embrassa. On s'embrassait toujours en arrivant et en partant; ce qui étonnait ou exaspérait les « étrangers ». Frédéric et Marion ne faillirent pas à la tradition et baisèrent d'abord les joues d'Alexandre Lombal – Alex – le chef de la troupe et comédien : la cinquantaine pâle et chiffonnée, visage mobile et chevelure grisonnante, homosexuel déclaré et militant à l'occasion, puis celles de Diégo, son amant. Décorateur et régisseur le soir – et éventuellement acteur si la pièce comportait un personnage muet car il avait une voix blanche et parlait trop vite – Diégo était aussi coiffeur pour dames pendant la journée. Vint ensuite le tour des femmes : Monelle Vautrin, vingt-sept ans, une rousse fine et nerveuse qui avait l'art de prendre des temps avant de lancer la réplique qui déclenche les rires mais n'en abusait pas, et enfin Lucie Baron, femme-enfant sans âge précis, un peu sotte, et titulaire des rôles de frustrées ou d'illuminées.

A l'exception de Marion, tous avaient des problèmes d'argent mais ils aimaient leur métier et ne se berçaient pas d'illusions, convaincus qu'à moins d'un miracle la gloire ne leur sourirait que de très loin. Heureusement, la troupe de Lombal, fondée cinq ans plus tôt et rivée au théâtre de la Harpe, jouissait d'une certaine considération notamment dans la presse anticonformiste et la pire de ses créations était accueillie avec indulgence. Les critiques manquaient rarement de souligner le pittoresque de l'endroit et souhaitaient aux futurs spectateurs de conserver leur siège entier jusqu'à la chute du rideau. Ce qui excitait les snobs. Les étudiants qui composaient la majorité du public bénéficiaient, eux, d'un tarif spécial.

Depuis septembre, la troupe jouait *Un sucre ou deux?*, une comédie grinçante d'un jeune auteur de vingt-deux ans, un ami d'Alex. Dans les années 1900, un curieux oiseau de la taille d'un adolescent – le rôle était tenu par Diégo qui n'avait pas à ouvrir la bouche – s'installait dans une famille anglaise typique, prisonnière de son sens de l'hospitalité et d'un humour de façade. Par sa seule présence, le volatile dynamitait les conventions, forçait chacun à se démasquer et à s'autodétruire.

Divisée, la critique avait tout de même soutenu et conseillé la pièce qui, sans être un énorme succès, marchait plus qu'honorablement puisqu'elle avait franchi le cap de la 100e – un exploit – mais, frigorifiés, les comédiens rechignaient. Pire : ils menaçaient d'arrêter les représentations si les loges n'étaient pas chauffées. Bardinet promettait ce qu'on voulait mais ne bronchait pas. La pétition qui circulait à *La Consigne* était une mise en demeure officielle : la troupe accordait quarante-huit heures au propriétaire de la salle pour s'acquitter de ses obligations.

« On lui expédie ce billet doux en recommandé avec accusé de réception, annonça Diégo, frémissant, en tendant à Frédéric une feuille dactylographiée au bas de laquelle s'étalaient les paraphes de ses camarades. S'il ne réagit pas, on boucle! » conclut-il dans une grande envolée de doigts aux ongles tachés par les teintures.

Frédéric signa la feuille et la remit à Marion.

« Et comment qu'on va bouffer si jamais on est obligé de faire grève? gouailla Pierrot en substituant une Gitane entière à son mégot.

– Ne t'inquiète pas, ma chérie – Diégo appelait tout le monde « ma chérie » – on puisera dans le trésor de guerre. On peut tenir deux mois... à condition de ne plus porter que des bas de coton! »

Alex se contenta d'approuver d'un signe de tête et personne ne s'en étonna. Si, sur les planches, Alex était le maître incontesté, dans la vie courante il s'en remettait entièrement à Diégo qui avait une vision plus réaliste des problèmes quotidiens et davantage de combativité.

« N'y a-t-il pas un moyen d'alerter la presse? demanda Monelle. Bardinet serait ulcéré, lui qui adore jouer les mécènes...

– On n'est pas la Comédie-Française! répliqua Pierrot.

– Peut-être Christophe pourra-t-il nous aider? » suggéra Frédéric.

Echotier à *Télévie*, Christophe Aubry fréquentait la troupe depuis si longtemps et prenait ses intérêts tellement à cœur que les comédiens le considéraient comme l'un des leurs.

La pétition signée, pliée et glissée dans une enveloppe, on radota complaisamment en comptabilisant les griefs accumulés au fil des mois contre Bardinet. Finalement, Diégo tapa dans ses mains :

« Mes enfants chéris, il va être l'heure de se préparer... »

Les comédiens se maquillèrent sur place mais n'eurent pas le courage d'aller chercher leur costume dans les loges qu'ils regagnèrent vers 20 h 20. Ils s'habillèrent en pestant avant d'envahir les coulisses.

« Il y a du monde? s'enquit Marion à voix basse.

– Deux tiers de salle », répliqua Pierrot qui s'était renseigné.

Il s'empara du brigadier et en martela le sol, ajoutant parce que l'eau envahissait, paraît-il, la plupart des caves des immeubles du quartier :

« Un soir, le plancher cédera et je passerai directo de la scène à la Seine! »

La représentation se déroula sans autre incident qu'un « merde » retentissant lâché par Diégo lors de sa première apparition. Empêtré dans son costume d'oiseau, il buta sur une chaise que Lucie, distraite, oubliait régulièrement de reculer, et faillit s'étaler. Lucie et Pierrot qui jouaient les domestiques de la famille Watson éclatèrent de rire et, conquis par cette spontanéité, le public fit chorus.

Quatre-vingt-dix minutes plus tard, la troupe reprit le chemin de *La Consigne* et commanda cafés et tisanes. Christophe Aubry l'attendait, assis devant une pile de feuillets. Blond aux yeux bleus, à la fois réservé et enthousiaste dès qu'il était question de spectacles, le jeune homme, qui ne paraissait pas ses vingt-trois ans, savait écouter avec une attention qui n'était pas feinte et réfléchir à ce qui méritait d'être retenu.

Venu quatre ans plus tôt effectuer un reportage sur la troupe de Lombal, à l'occasion de sa participation à une émission de télévision consacrée aux jeunes compagnies, il avait été séduit par le climat d'amitié et de ferveur qui y régnait. Aussi, malgré sa timidité, s'était-il accroché à elle et plus particulièrement à Frédéric. Au début, les comédiens avaient été un peu étonnés par cette assiduité qui sous-entendait une grande solitude puis, très vite, Christophe avait été complètement adopté au point que l'on supportait assez mal ses absences, d'ailleurs fort rares et toutes dues à des motifs d'ordre professionnel.

Pour son magazine, Christophe devait recueillir un maximum de potins et d'informations sur les milieux de la télévision et rédigeait des comptes rendus – prudents et impartiaux : ordre de son rédacteur en chef – d'émissions qu'il voyait en projection privée, avant leur diffusion. Il invitait souvent Frédéric à l'accompagner; Frédéric qui, tout comme lui, éprouvait une vive admiration pour le cinéma américain. Et cette passion commune s'était concrétisée par l'écriture d'un scénario que les deux amis échafaudaient soir après soir dans l'arrière-salle enfumée de *La Consigne*.

Tous embrassèrent Christophe qui demanda :

« Comment ça a marché ? »

On reconstitua à son intention la chute avortée de Diégo, ce qui le mit en joie, puis on lui confia le brouillon de la pétition.

« Je ne peux malheureusement pas la publier dans mon canard, car les délais d'impression sont de trois semaines mais je vais téléphoner à la fille qui s'occupe de la page Spectacles du *Temps de Paris*; ça devrait l'intéresser. »

Emettant par-ci par-là un « hum-hum » d'approbation, Frédéric lisait les feuillets que Christophe avait, l'après-midi, tapés à la machine et qui résumaient leurs cogitations de la veille.

Marion s'était assise loin de Frédéric en prévision de l'arrivée de son mari et parlait chiffons avec Monelle et Lucie qui avaient besoin, l'une d'un manteau et l'autre d'une robe. La situation de Guillaume permettait évidemment à Marion d'obtenir des modèles à prix réduits; elle nota donc les tailles et les teintes désirées.

Guillaume Chassagnes surgit vers 22 h 50 et resta sur le seuil de la porte d'où il lança à la ronde un « bonsoir » assez sec qui ne rencontra qu'un faible écho. Entre la troupe et l'époux de Marion, le courant ne passait décidément pas.

Ayant à peine franchi le cap de la quarantaine, râblé, manquant un peu de jambes mais pas de muscles, les cheveux déjà gris et coupés en brosse, une moustache fournie cachant des lèvres minces, un soupçon d'embonpoint combattu mais non vaincu, Guillaume offrait de lui-même une image qui ne trompait pas son monde : c'était un exigeant, un têtu, un battant. On devinait qu'il jouait au tennis et conduisait vite et bien.

Marion se leva et embrassa un à un ses camarades.

« A demain... à demain... »

Elle pinça légèrement le bras gauche de Frédéric en se penchant vers lui et ce geste signifiait : « Je te téléphone! » Message reçu.

Une fois dehors, Guillaume entonna un refrain connu :

« Je ne comprendrai jamais ce besoin que vous avez de vous embrasser à tout propos...

— Parce que nous sommes une famille et que dans les familles...

— On s'embrasse moins! coupa Guillaume.

— Parce qu'on s'y aime moins. »

Marion n'en dit pas plus, nullement disposée à se lancer dans une querelle au cours de laquelle Guillaume lâcherait tôt ou tard, les dents serrées : « Mais, bon Dieu, quel plaisir peux-tu bien trouver à te produire au milieu d'une bande de minables dans un théâtre délabré? »

Les deux époux grimpèrent dans la Mercedes garée boulevard Saint-Germain et qui s'en éloigna sur les chapeaux de roues. A la longue, le silence de Guillaume parut à Marion chargé de menaces vagues et, au risque de l'agacer, elle évoqua la pétition adressée à Bardinet et la grève possible.

« Si tu pouvais tout laisser tomber, dit-il d'un ton farouche en martelant le volant de ses poings fermés. Ça et le reste... »

Devait-elle relever ce « Et le reste »? Marion se le demanda pendant une seconde; une seconde de trop car si elle avait été vraiment innocente, elle aurait immédiatement exigé des précisions.

« Qu'entends-tu par « et le reste »?

— Des choses...

– Tu es bien mystérieux! »

« Et nerveux » pensa-t-elle comme Guillaume grillait un feu rouge.

« Qu'as-tu fait cet après-midi? »

Marion flaira le danger et opta pour une sincérité partielle. Il fallait d'abord répéter à Guillaume le mensonge qu'elle lui avait servi le matin même et l'assaisonner d'un zeste de vérité.

« Je suis allée chez Monelle pour l'aider à apprendre son rôle... Tu sais qu'elle doit tourner dans une dramatique pour la télé? »

Le mutisme de Guillaume était facile à interpréter : il se fichait de Monelle Vautrin et de son rôle.

« ... Frédéric est passé chez elle afin de lui rembourser de l'argent qu'il lui avait emprunté... »

« Pas trop de détails, se dit-elle, on se coule en multipliant les digressions. »

« ... et il m'a demandé de l'accompagner dans ses courses. »

Marion remonta le col de son manteau de fourrure; geste superflu étant donné la température qui régnait dans la voiture.

Incapable de se retenir plus longtemps, Guillaume jeta tout à trac :

« On vous a vus chez Nicolas Rizzi! »

« J'ai frôlé la catastrophe! » pensa Marion qui se félicita d'avoir astucieusement manœuvré et s'efforça de banaliser l'événement :

« Ah! bon. Et qui ça?
– Une relation.
– Dotée d'une langue très pointue!
– Avoue donc que tu couches avec lui! rugit Guillaume en évitant de justesse un poids-lourd qui venait en sens inverse.
– Avec Frédéric? » répliqua-t-elle, abasourdie par une attaque aussi directe.

Qu'ajouter? Qu'inventer pour détourner efficacement les soupçons de Guillaume? A moins qu'elle ne décidât de clarifier la situation et de réclamer sa liberté? Marion sut brusquement que son avenir se jouait là et qu'elle devait en un instant choisir son camp. Elle aimait Frédéric mais il était hors de question d'abandonner pour lui son fils et son mari. Aussi utilisa-t-elle toute sa science de comédienne pour prendre le ton juste : ironique et apaisant.

« C'est indéniablement le plus beau garçon de la troupe... mais il n'est pas pour moi.
– Et pour qui est-il, s'il te plaît? »

Le visage des habitués de *La Consigne* défilèrent dans la tête de Marion comme un manège en folie.

« Si tu me jures de ne pas le répéter... »

Un ricanement méchant fut la réponse de Guillaume, tout prêt à insulter et à gifler sa femme.

« Vraiment, ça m'ennuie de te le dire, avoua-t-elle, boudeuse.
– Pauvre Marion!
– Frédéric est l'amant de Christophe. Là, tu es content? continua-t-elle avec la pointe de ressentiment qui s'imposait.
– Christophe?
– Le petit blond qui travaille à *Télévie* et avec lequel Frédéric écrit un scénario. »

Guillaume stoppa sa Mercedes qu'il rapprocha du trottoir et regarda Marion :

« Tu te fous de moi? »

Furieuse contre Guillaume qui la poussait, à plus ou moins brève échéance, à rompre avec Frédéric et contre elle-même pour ne pas avoir eu le courage de défendre son amour – un amour qu'elle venait allégrement de bafouer – Marion n'éprouva aucune difficulté à se mettre en colère.

« Pourquoi? Ah! Je sais... parce que, pour toi, tous

les homosexuels doivent obligatoirement ressembler à des caricatures, modèle Diégo! Eh bien, il y en a de plus discrets, de plus « normaux » si j'ose dire. Frédéric et Christophe sont du nombre. Je suis la seule personne qu'ils aient mise dans la confidence et j'en suis fière, figure-toi. Mais ils ne me pardonneront jamais de les avoir trahis! »

Décontenancé par cette explosion de rage où la douleur avait sa place, Guillaume mordillait ses lèvres qui disparaissaient complètement :

« Frédéric et Christophe... »

« Un degré de plus dans l'hystérie », décida Marion afin d'exploiter une situation qui semblait tourner à son avantage :

« Et si tu veux tout savoir, demain, c'est l'anniversaire de Christophe et je suis allée chez Rizzi pour aider Frédéric à choisir un cadeau...

– Et pourquoi l'as-tu embrassé?

– Tu te conduis réellement comme un flic! répliqua Marion, hors d'elle. Et d'abord, ON t'a mal renseigné. C'est Frédéric qui m'a embrassée et parce que la robe de chambre qu'il voulait acheter était trop chère pour lui et que je lui ai donné 500 francs! Ton informatrice – parce que je suppose qu'il s'agit d'une femme! – t'a menti... ou alors elle devrait porter des lunettes! »

Subodorant qu'elle avait touché juste, Marion s'autorisa une douce plainte avant de murmurer : « Je te supplie de ne pas ébruiter cette histoire. »

Guillaume ne répondit pas. Mais calmé et probablement perplexe, il remit la voiture en marche. Marion se demanda à la fois si ce nouveau départ signifiait que tout était rentré dans l'ordre pour ce soir et ce que Frédéric penserait de ses élucubrations.

CHAPITRE II

A LA maison, Marion redevint aussitôt une mère de famille; elle alla entrouvrir précautionneusement la porte de la chambre de Jérôme afin de s'assurer que son fils était bien là (cambriolage et kidnapping figuraient en bonne place au palmarès de ses hantises) et qu'il dormait en paix. Elle avait pleine et entière confiance en Adrienne, la domestique qui couchait au rez-de-chaussée, mais il lui fallait absolument vérifier par elle-même que tout était normal.

Tranquillisée, Marion se rendit à la cuisine et fit chauffer de l'eau qu'elle versa dans un petit bol chinois sur du café en poudre. Guillaume buvait toujours un dernier café avant de se mettre au lit.

Ces gestes simples et quotidiens lui permirent de tenir à distance le mensonge formulé dans la voiture; mensonge qu'elle jugeait maintenant à la fois puéril et irréfutable. Mais l'important n'était-il pas que Guillaume y eut souscrit sans trop sourciller?

Dans sa chambre, elle aperçut, posé sur le lit, un grand sac en plastique blanc avec le nom *Clélia* imprimé dessus en lettres noires, sac que Guillaume, elle s'en souvenait brusquement, avait sorti de la voiture et apporté jusque-là. Des robes?

Non, des sacs à main en crocodile, du style

pochette. Deux modèles différents : des carrés et des triangulaires. Deux couleurs aussi : bleu-vert et safran.

« Voilà ce que nous nous proposons de lancer au printemps, Zoller et moi. Lequel préfères-tu ? »

Michel Zoller était l'associé de Guillaume; un homme doué pour les chiffres mais de peu de goût. Depuis un an, environ, Guillaume l'avait convaincu d'étendre leur champ d'action et de faire fabriquer et de vendre des « accessoires » portant la griffe *Clélia* : ceintures, bijoux de fantaisie et aujourd'hui sacs à main.

Heureuse d'échapper aux investigations d'ordre passionnel et de se rendre utile, Marion prit au sérieux la mission que lui confiait son mari : elle manipula les sacs dans tous les sens, les agita, les ouvrit et les referma, et posa avec devant la glace. Puis elle prononça la sentence :

« Les carrés, sans hésiter. Les triangles sont ridicules... et difficiles à garder sous le bras. Regarde : ils glissent...

— Vendu !

— Cher ?

— Assez cher. Mais c'est une expérience. La couleur ?

— Les deux. Bleu et safran. »

Comme Marion poursuivait sa présentation de sac, Guillaume ajouta :

« Sais-tu que tu ferais un merveilleux mannequin ?

— Je n'ai plus l'âge !

— Mais si. Notre clientèle est composée de jeunes femmes et non de jeunes filles.

— Il faudrait m'écrire des textes... »

Guillaume se rembrunit et Marion marcha vers la salle de bain en se traitant intérieurement de gaffeuse. Elle se déshabilla, se démaquilla et enfila une tunique de coton rose pâle qui s'arrêtait à mi-cuisses.

Couchée, elle entendit Guillaume se laver bruyamment les dents. Etait-il encore irrité contre elle? Avait-il de tendres projets pour la suite de la soirée? Elle espérait que non.

Après s'être étendu à côté d'elle, Guillaume se contenta d'embrasser Marion sur la tempe. Elle en fut déçue et reconnut alors qu'elle ne savait pas ce qu'elle voulait.

Les lampes éteintes, elle repensa à son mensonge et se culpabilisa jusqu'à ce que lui vînt la tentation de se taire. Après tout, rien ne l'obligeait à mettre Frédéric au courant de ses affabulations... oui, mais, si, opiniâtre comme il l'était, Guillaume procédait à une petite enquête?

Marion soupira, consciente d'être tombée dans un piège fabriqué de ses propres mains et certaine que le sommeil tarderait à lui accorder ses faveurs.

*

Frédéric sursauta quand crépita la sonnerie du téléphone et, d'une main molle, tâtonna vers le plancher pour localiser l'appareil qu'il décrocha en grattant sa poitrine velue.

« Je te réveille? » demanda la voix de Marion.

Il acquiesça d'un gémissement bref et, la joue droite collée à l'oreiller, suivit péniblement le monologue de sa maîtresse dont le débit précipité décourageait l'attention.

« Quelqu'un nous a remarqués chez Rizzi? » répéta-t-il, émergeant enfin de sa léthargie.

Quand Marion lui eut confié ce qu'elle avait raconté à son mari pour se disculper, Frédéric retrouva une bonne partie de sa lucidité. Et de son humour.

« Tu es folle ? Et Guillaume t'a crue ?
— Pas vraiment, je le crains.
— Tu m'étonnes !
— Disons qu'il s'interroge. Tu m'en veux ?
— Pourquoi ?
— D'avoir prétendu que Christophe et toi...
— Non, c'est plutôt rigolo ! estima Frédéric en bâillant.
— Ce qui l'est beaucoup moins, c'est que je suis persuadée que Guillaume va tenter de se renseigner sur nous trois, sur nos rapports exacts. Ne penses-tu pas qu'il serait préférable d'avertir Christophe ?
— Bof... oui, peut-être.
— Il sera furieux...
— Pas plus que moi.
— Je ne viendrai pas chez toi aujourd'hui. Ni demain. Je dois être prudente. Guillaume est fort capable de me faire suivre...
— Par un détective privé ? répliqua Frédéric, incrédule.
— Si tu avais vu sa tête, hier soir... »

Frédéric s'imagina en train de se colleter avec Guillaume Chassagnes et cette vision ne l'enthousiasma guère. Non qu'il eût peur de lui mais il n'avait pas envie de se battre. Ni d'être amené à prendre une décision définitive en ce qui concernait Marion.

« Bon ! » lâcha-t-il dans un silence.

Ce commentaire laconique résonna aux oreilles de Marion comme un témoignage de satisfaction et elle s'en indigna :

« Comment ça, « bon » ?
— Je suis content : j'échange une maîtresse contre un amant ! » répliqua Frédéric sur le ton de la plaisanterie.

A l'autre bout du fil, Marion fit amende honorable :

« Je suis désolée; je ne sais pas pourquoi j'ai inventé cette histoire grotesque...

— Ça ne change rien pour personne... sauf pour ton bonhomme qui doit fantasmer à mort!

— Que vas-tu faire de ton après-midi? s'informa Marion, de nouveau nerveuse.

— J'irai voir un film...

— Seul?

— Probable.

— Je suis malheureuse...

— Momentanément, précisa Frédéric, la voix dolente et les paupières lourdes. Il faut que tu... que nous soyons raisonnables...

— A t'entendre, tu l'es déjà! Bravo et à ce soir! » conclut Marion d'un ton cassant dont elle eut honte aussitôt après avoir interrompu la communication.

Frédéric se rendormit avec volupté mais, aux environs de midi, des cris le forcèrent à ouvrir les yeux : la concierge et l'un des locataires de l'immeuble se disputaient à propos d'une poubelle renversée. Pendant une seconde, il se demanda s'il avait rêvé ou reçu le coup de fil de Marion mais la robe de chambre signée Rizzi roulée en boule au pied du lit lui servit de point de repère.

« Il vaudrait mieux prévenir Christophe », avait dit Marion et, sur le moment, Frédéric avait été d'accord. Maintenant, il se posait des questions... Après tout, l'idée d'être soupçonné — même par un imbécile — d'homosexualité lui serait peut-être désagréable? Christophe était encore très jeune; il était aussi un peu susceptible. A moins qu'il n'éclatât de rire?

« Non mais quelle conne, cette Marion! » s'exclama Frédéric à haute voix en repoussant drap et couette, partagé entre la contrariété et l'amusement.

Dans la cuisine, il posa une casserole sur le réchaud à gaz puis gagna le cabinet de toilette où il s'aspergea d'eau froide en inondant le carrelage.

Son café avalé, il se rasa en se souvenant qu'autrefois, debout dès l'aube, piaffant devant la glace mais attentif à se mettre en valeur, il regardait son visage émerger de la mousse blanche avec l'intime conviction que l'écran et les couvertures de magazines en populariseraient rapidement les traits.

Aujourd'hui, il se levait à midi, ne se préoccupait absolument plus de peaufiner son « image de marque » et si jamais on lui proposait de tourner dans un téléfilm, il tendait le dos et manifestait plus de méfiance que d'enthousiasme. Sagesse ? Résignation ? Manque de tonus ? Rien de tout cela. Ses rêves de gloire et ses ambitions s'étaient évaporés comme une fièvre d'enfance d'autant plus que, pendant des années, son physique charmeur l'avait cantonné dans des rôles de jeune premier, identiques et insipides, qui avaient bien failli le dégoûter du métier. La trentaine venue, il abordait enfin des emplois moins conventionnels et n'était pas de ceux qui redoutaient les rides et la calvitie... et puis son centre d'intérêt s'était déplacé. Jouer la comédie dans la troupe d'Alex Lombal suffisait amplement à son bonheur d'acteur. En revanche, il enviait les scénaristes et les auteurs dramatiques célèbres. Ecrire lui procurait un plaisir plus complet, plus rare, que celui qu'offrait les planches.

Sa collaboration avec Christophe était un galop d'essai, une étape vers l'écriture en solitaire d'où l'absolue nécessité d'accoucher d'un scénario original et cohérent, première pierre d'un édifice qu'il construirait ensuite sans l'aide de personne.

« Pourvu que les divagations de Marion ne compromettent pas notre travail... et notre amitié », se dit-il en descendant la rue du Cardinal-Lemoine, les poings enfoncés dans les poches de son duffle-coat.

Il avait toujours pressenti que sa liaison avec Marion l'entraînerait dans des complications mais, au cœur du conflit, il se tourmentait davantage pour Christophe, compromis malgré lui, que pour sa partenaire; il la savait capable de lutter pour défendre ce à quoi elle tenait.

Le métro conduisit Frédéric jusqu'à la station Chaussée d'Antin. Remonté à l'air libre, il emprunta la rue de Mogador pour aboutir au 76 *bis*, siège de *Télévie*, dont les bureaux occupaient tout le premier étage, juste au-dessus des *Cinq Mogador* : des cinémas qui ne programmaient que des films pornographiques. Leurs titres constituaient, chaque semaine, une source de fines plaisanteries pour l'équipe de l'hebdomadaire.

La salle de rédaction – trois pièces qui n'en faisaient plus qu'une depuis la disparition des cloisons – avait des allures de salle de classe avec son immense tableau noir sur lequel étaient inscrits à la craie le sommaire des numéros à paraître et sa vingtaine de tables de travail dépareillées, alignées dans le désordre et surchargées de paperasses et de dictionnaires. Aux murs, photos de vedettes et caricatures et, éclairant le tout, de jour comme de nuit, une large bande de néon contre laquelle fulminaient régulièrement les journalistes femmes qui se prétendaient défigurées par sa lumière brutale.

Assis près de l'une des hautes fenêtres, en pull beige, la mèche dans l'œil, insensible à l'agitation et au bruit – il ne se passait pas de minute sans que sonnât l'un des nombreux téléphones – Christophe peinait sur une énième biographie de Marilyn Monroe.

Marchant vers lui, Frédéric salua ceux des camarades de Christophe qu'il connaissait de vue ou qui lui avaient été présentés. Cigarette aux lèvres, une fille brune s'arrêta de taper à la machine pour lui dédier un sourire qui parut à Frédéric vaguement moqueur... ou teinté d'un léger mépris. Pour la première fois, il se demanda si la brune ne supposait pas que Christophe et lui n'étaient pas plus que des amis.

« Et alors? On ne peut pas empêcher les gens de délirer! » se dit-il avec bonne humeur.

Le fait qu'on lui prêtât un penchant pour les garçons ne le jetait nullement dans les transes. Il admettait toutes les formes de l'amour... encore que si on lui avait demandé d'épeler le mot « amour », il aurait certainement répondu : S.E.X.E. Ne répétait-il pas volontiers : « L'amour, je le fais, je n'en parle pas! »

Il se laissa tomber d'une fesse sur le bureau de son ami qui sursauta, arraché à la difficile gestation de son article.

« Tu vas, Christophe?
— Oui.
— On bouffe ensemble?
— Vite fait, alors... »

Un peu plus tard, devant deux pizzas largement entamées, Frédéric résuma l'incident de la veille :

« ... bref, ne sachant pas comment s'en sortir, Marion a juré à son mari que nous étions amants... toi et moi. Oui, mon gros père! »

« Le gros père » – qui était mince et presque maigre – devint cramoisi et s'étrangla en avalant son vino rosso. Il se mit à tousser affreusement et Frédéric lui donna quelques tapes dans le dos.

« Elle a dit ça dans la panique, ajouta-t-il. Ça te pose des problèmes?
— Non... mais c'est inattendu, avoua le jeune

homme. Et puis, quand je pense à Diégo et à Alex... »

Frédéric cligna de l'œil gauche, l'index levé et répliqua, la bouche pleine :

« Attention, ne pas confondre : pédés peut-être mais virils! »

Songeur – ou gêné? – et les yeux fixés sur son assiette, Christophe se taisait comme s'il évaluait les désagréments de la situation.

« Moi, j'ai ri mais... »

Frédéric s'interrompit, se rendant compte brusquement que la vie sentimentale de Christophe était anormalement calme pour un garçon de vingt-trois ans. Pourquoi « anormalement »? « Ce n'est ni un obsédé... ni un sensuel », se dit-il en s'étonnant de l'impossibilité dans laquelle il était de se représenter son ami dans des scènes érotiques. « Il est resté très gosse », pensa-t-il alors, soulagé et content d'être parvenu à une conclusion qui expliquait ce qui n'était pas un mystère mais une petite singularité.

Mais tandis que le silence persistait, Frédéric eut l'intuition que le mensonge de Marion allait rebondir et que ses premières conséquences somme toute anodines pouvaient en entraîner d'autres plus désastreuses. Ce fut donc sur elle qu'il polarisa son agacement :

« Marion est givrée. Et ne me dis pas que c'est une réflexion digne de Diégo. Il n'y a pas plus misogyne qu'un hétéro! »

Frédéric et Christophe commandèrent des tartes aux pommes chaudes et des cafés et, tacitement d'accord pour oublier provisoirement Marion et ses inventions, s'attaquèrent à leur scénario. Situé en 1970, il racontait l'histoire de deux jeunes hommes qui s'étaient connus sous l'uniforme au temps de la guerre d'Algérie – expérience qui les avait traumatisés – et qui se retrouvaient à Paris dans des camps diamétralement opposés. L'un était inspecteur de police et l'autre, chef de bande. Amis quand même, ils essayaient de surmonter ce qui les séparait au point de se partager les faveurs d'une jeune antiquaire prénommée Carine. Celle-ci, maîtresse du policier, devenait aussi celle du malfaiteur, incapable de choisir entre ses amants... de même qu'aucun des deux hommes n'envisageait de renoncer à elle.

« C'est bon, ça, c'est très bon! » disait Frédéric, jubilant, quand il commentait les relations plus qu'ambiguës du trio. « On tient quelque chose de fort... »

Plus préoccupante était l'évolution de l'histoire... A la veille de commettre le hold-up du siècle, le chef de bande découvrait que Carine l'avait involontairement trahi. Serait-il arrêté par l'homme auquel il avait sauvé la vie dans les Aurès?

C'était l'impasse. Les auteurs pataugeaient. Le policier devait-il sacrifier l'amitié à son devoir? Ou le contraire et risquer d'être sanctionné par ses chefs? Le gangster suicidaire n'avait-il pas envie de tomber sous les balles de l'être qu'il estimait le plus? Carine ne tenterait-elle pas l'impossible pour sauver l'un des deux hommes... oui mais lequel?

Frédéric et Christophe cherchaient vainement une fin insolite, explosive, spectaculaire et se basant sur le principe « C'est en disant n'importe quoi qu'on trouve la Grande Idée » se proposaient mutuellement les solutions les plus extravagantes afin que jaillisse l'étincelle... qui ne se produisait pas.

Ils divaguèrent ainsi jusqu'à ce que le souvenir de la biographie inachevée de Marilyn Monroe ne précipitât Christophe vers la porte :

« A ce soir!

— A *La Consigne*, inutile d'en faire trop; cela éveillerait les soupçons du mari de Marion! » répliqua Frédéric sous le coup d'une inquiétude qui l'empêcha de réfléchir avant de parler.

Christophe disparut sans répondre et Frédéric regretta ses paroles. Conseiller la discrétion à Christophe, c'était douter de son intelligence.

« Quel taré je suis! » se dit-il, maudissant l'imaginative Marion.

*

Une angoisse qui s'intensifiait au fur et à mesure que le temps s'écoulait paralysait Marion et l'empêchait de goûter les petites joies que lui procuraient, hier encore, les choses et les gens qui l'entouraient. Angoisse qu'elle analysait sans effort : Guillaume savait à l'occasion se montrer d'une grande cruauté et elle redoutait qu'il n'apprenne qu'elle l'avait doublement trompé. D'abord avec un autre homme puis en lui assénant une fable stupide et peut-être, se disait-elle, Guillaume lui pardonnerait-il plus facilement d'avoir eu une faiblesse pour Frédéric que d'avoir voulu le prendre pour un imbécile...

Pourquoi diable, la veille, ne s'était-elle pas contentée de rire et de nier? Oui, on l'avait vue chez Rizzi en compagnie de Frédéric, et alors? Qu'est-ce que cela prouvait? C'était son mensonge qui risquait de la perdre, Marion en avait l'intime conviction.

Elle trouvait, malgré tout, assez comique de craindre le pire au moment où sa rupture avec son amant était pratiquement consommée car elle n'envisageait plus de poursuivre une liaison dont elle avait sous-estimé les dangers.

Le soir, elle évita *La Consigne* et gagna directement la loge des femmes, retardant l'instant d'approcher Frédéric. Et Christophe. Elle n'était pas non plus très pressée de revoir Guillaume. Quant à devoir les affronter tous les trois...

La tête ailleurs, elle joua mal mais elle avait suffisamment de métier pour mystifier les spectateurs. En revanche, ses partenaires notèrent cette baisse de forme et s'interrogèrent d'un haussement de sourcils.

« Des ennuis? lui demanda Monelle, en coulisse.

— Migraine!

— C'est le froid. Tu t'es occupée de ma robe?

— Ma pauvre chérie... complètement oublié!

— Pas grave... d'autant que mon projet de télé a du plomb dans l'aile.

— Non?

— ... et que la robe était destinée à éblouir *the great director*! »

La représentation terminée, on glosa abondamment sur la lettre recommandée que recevrait Bardinet le lendemain matin et sur ses conséquences. Céderait, céderait pas? On prolongea la discussion à *La Consigne* où Christophe était assis à sa place habituelle. Marion l'embrassa sans trouver le courage de s'excuser d'avoir entaché sa réputation. L'endroit ne s'y prêtait d'ailleurs pas, pensa-t-elle, afin d'étouffer ses remords.

Guillaume fut ponctuel et, à peine entré, commanda un café, acte exceptionnel et qui prolongea le supplice de Marion, prête à partir. Tout en bavardant avec Monelle qu'elle n'écoutait pas, Marion ne put s'empêcher de guetter son mari du coin de l'œil. Il regardait évidemment Frédéric et Christophe. Se sentant observés, les deux amis élevèrent involontairement la voix afin de dominer la gêne qui s'emparait d'eux, ce qui attira l'attention de toute la troupe.

« On n'entend que vous, les tapettes! leur lança Diégo qui précisa aussitôt dans un rire : Tapette : personne très bavarde. Voir Petit Robert!

— C'est de l'humour d'avant-guerre, tu dates, ma chérie! répliqua Frédéric.

— Je ne date pas, je fais dans le rétro, dit Diégo, la mine pincée.

— Tu fais où tu veux quand tu veux! »

Retenant un « On s'en va? » destiné à son mari, Marion commença résolument sa tournée de bises. Elle pinça l'épaule de Frédéric en espérant qu'il comprendrait ce que la présence de Guillaume l'empêchait de dire : « Pardon! »

Guillaume vidait sa tasse. Ouf!

Dans la voiture, Marion sut d'emblée vers quoi s'orienterait la conversation.

« Ils n'en ont pas l'air...

— Qui? Et de quoi? demanda-t-elle, hypocritement.

— Frédéric et Christophe... l'air de ce qu'ils sont.

— Cela te préoccupe à ce point?

— Oui. Dans la mesure où tu peux m'avoir menti.

— A leur sujet? s'exclama Marion avec une indignation bien imitée. Ce serait...

— ... ignoble de ta part, je suis d'accord, déclara Guillaume d'un ton neutre. Leurs copains n'ont aucun soupçon?

— Peut-être oui, peut-être non. Diégo s'agite tellement qu'il éclipse ses...

— ... Congénères? J'aimerais les inviter à prendre un verre. Ou à dîner.

— Tu perds la tête?

— Pourquoi?

— Mais ils... ils tomberaient des nues. D'abord, tu ne leur as pratiquement jamais adressé la parole...

— C'est donc toi qui les inviteras.

— Sous quel prétexte ?
— L'amitié. Si c'est de l'amitié que tu éprouves pour Frédéric.
— Alors, j'inviterai Frédéric tout seul.
— Non. Les deux.
— Mais ils se douteront que j'ai bavardé...
— Je n'ai pas l'intention de faire des allusions graveleuses toute la soirée. Figure-toi que dans mon travail, il m'arrive assez souvent de côtoyer des tantes ; je sais donc traiter ces gens-là.
— Ces gens-là ! : l'expression est charmante !
— Je ne demande qu'à mieux les connaître. A toi de t'y employer.
— Ils refuseront de venir.
— Comment pourraient-ils refuser quelque chose à leur grande amie, à leur confidente, à leur complice ? A mon avis, ils seront enchantés. »

« Je dois me calmer », pensait Marion qui comprenait enfin qu'en se dressant contre son mari, elle ne pouvait que renforcer sa méfiance.

« C'est possible après tout, admit-elle à haute et morne voix. Ils m'ont tellement prêché la discrétion que j'ai tendance à les protéger même de ceux qui leur veulent du bien... »

Du bien... ou du mal ? Guillaume s'abstint de tout commentaire, se contentant de brancher la radio.

Dans la chambre, une fois en pyjama, il embrassa Marion sur le front et ferma les yeux :

« Je suis mort. Bonne nuit. »

« Mari ! » lui lança-t-elle en pensée et le mot confinait, pour elle, à l'insulte. Marion se serait volontiers abandonnée ce soir-là et elle était prête à parier que Guillaume en avait conscience. C'était donc délibérément et pour la punir qu'il la privait d'amour.

« Si Frédéric était à ta place, il ne dormirait pas, lui ! » Et Marion conclut avec amertume : « Au fond, le châtiment de la femme adultère consiste à ne pouvoir raconter à son mari comment son amant lui fait l'amour... »

Evoquant Frédéric, elle désira sa présence, ses caresses... jusqu'à l'instant où elle se souvint d'avoir décidé de rompre avec lui. Rompre? Y était-elle réellement obligée? Hélas! oui. Mais non, pas du tout! Et c'était même Guillaume qui l'encourageait à persévérer dans l'infidélité... à condition, naturellement, que Frédéric et Christophe parviennent à camper un couple d'homosexuels convaincant. Abusé, Guillaume laisserait Marion fréquenter Frédéric. Et le piège qu'il tendait à sa femme se refermerait sur lui. Quelle victoire!

Surexcitée et mise en joie par cet éventuel et providentiel retournement de situation, Marion sut que, ce soir encore, le sommeil se ferait attendre. Elle s'extirpa du lit avec précaution et descendit à la cuisine où elle mangea une pomme et but un verre d'eau. Puis elle regrimpa à l'étage et se glissa dans la chambre de Jérôme. Elle regarda dormir son fils en se reprochant de ne pas lui consacrer suffisamment de temps. Le matin, quand elle se levait, il était déjà parti pour l'école. A midi, il déjeunait chez sa grand-mère et le soir, quand il rentrait, Marion était à Paris. Bien sûr, le mercredi et le dimanche, elle ne le quittait pas... encore que si Frédéric insistait pour la voir le mercredi...

Honteuse, elle soupira, luttant contre une vague envie de pleurer. Mais qui retenait ses larmes, la mère, l'épouse, la maîtresse ou la comédienne?

Jérôme gémit en changeant de position, probablement gêné par la lumière du couloir et Marion sortit sur la pointe des pieds de peur de le réveiller.

Commencée tard, sa nuit se prolongea jusqu'à dix heures du matin et lui occasionna une forte migraine d'où une humeur mitigée qui l'incita à la circonspection. Ne rien dramatiser, ne rien enjoliver. *Wait and see!*

Le soir, au théâtre, l'absence totale de réaction de Bardinet déchaîna les passions.

« Il se tâte, cet homme, décréta Diégo. Vous n'espériez tout de même pas qu'il allait accourir ventre à terre une chaufferette sous chaque bras et du coke plein son sac? »

Préoccupé par des problèmes professionnels – un contrôle fiscal, dit-il à sa femme – Guillaume négligea celui des amours singulières et Marion le regretta presque.

Le lendemain qui était un vendredi, Bardinet ne s'étant toujours pas manifesté, Alexandre Lombal, poussé par Diégo, décidait la grève. On rembourserait les spectateurs auxquels on expliquerait les raisons de cette initiative. Les comédiens se postèrent donc devant le théâtre et exposèrent fiévreusement leurs doléances au public.

Sur place dès dix-neuf heures parce qu'il savait que l'ultimatum posé au directeur du théâtre expirait ce soir-là, Christophe téléphona la nouvelle au *Temps de Paris* et à *France-Presse* et Marion à son époux afin qu'il vienne la chercher plus tôt.

« Combien de jours vous arrêtez-vous? demanda-t-il.

— Jusqu'à ce que Bardinet capitule.

— Parfait. J'arrive! »

« Parfait »? Le mot alerta Marion car il avait été prononcé avec une indiscutable allégresse. La grève favoriserait-elle les plans de Guillaume, plans qu'il avait exposés l'avant-veille? Marion se précipita sur Frédéric et l'attira à l'écart :

« Guillaume ne croit pas que tu es l'amant de Christophe...

— On ne peut tout de même pas coïter sauvagement sur les banquettes de *La Consigne* chaque fois qu'il débarque!

– Il projette de vous inviter à dîner...

– Pourquoi pas?

– Pour vous sonder, se faire une idée exacte de vos relations...

– J'avais compris.

– J'ai pensé que... que si vous teniez bien vos rôles, il nous ficherait définitivement la paix. A toi et à moi.

– Ce qui signifie?

– Que je pourrais te voir autant que je le voudrais et avec la bénédiction de Guillaume puisqu'à ses yeux tu ne serais plus qu'un sous-homme...

– Terrible!

– Et Christophe?

– Je lui écrirai ses répliques et je lui indiquerai la mise en scène! »

Galvanisée par l'optimisme de Frédéric, qu'elle traduisit intérieurement par « Il m'aime, il tient à moi! », Marion anticipa sur la réussite du projet mûri par son mari mais qu'elle avait détourné à son profit et se montra d'une gaieté qui surprit Guillaume :

« J'ai rarement vu une gréviste aussi rayonnante...

– C'est que notre cause est juste! »

Guillaume n'avait pas pour habitude de tergiverser. Il piqua droit sur la table des apprentis-scénaristes :

« Je ne sais pas si Marion vous en a parlé mais il y a déjà quelque temps que nous désirions vous inviter à la maison. Pourquoi ne pas profiter de cette grève pour venir passer le week-end à Montfort? Vous pourriez y travailler en toute quiétude... »

Ce discours s'adressait aux deux amis mais, en

fait, Guillaume ne consultait que Frédéric. Le comédien se voulut aussi direct et consulta Chrisophe à qui il donna un discret coup de genou :

« Pas d'objection, votre honneur? » lui demanda-t-il sur le ton de la blague.

Déconcerté par la brusquerie de ses interlocuteurs, le jeune homme exprima un étonnement et une passivité en accord avec le personnage qu'il était censé jouer.

« A toi de décider, répliqua-t-il.
— Alors, banco! conclut Frédéric.
— Nous vous attendons dans l'après-midi. A votre heure, ajouta Guillaume avant de poser un morceau de papier plié sur la table : un plan du coin afin que vous ne vous égariez pas. Vous avez une voiture?
— Oui, répondit Christophe.
— A demain, donc.
— A demain », répéta Frédéric.

Dans la Mercedes, Marion se comporta en maîtresse de maison digne de ce nom et parla menus, confort...

« Je suis ravie, annonça-t-elle. Dire qu'il a fallu que tu apprennes ce qui les unissait pour t'intéresser à eux...
— Demain soir, Jérôme couchera chez ma mère. Ainsi tes amis se sentiront plus libres... »

Marion protesta :

« Ils savent se tenir...
— Je m'en suis aperçu », répliqua Guillaume, plutôt goguenard.

A la maison, à peine couché, Guillaume se rua sur Marion comme s'il voulait lui prouver quelque chose. Elle se demanda quoi et cette interrogation la laissa au bord du plaisir; plaisir qu'elle simula, aidée par l'obscurité, en convenant que cet assaut brutal avait quand même son charme.

CHAPITRE III

Christophe n'avait ni le culte des voitures ni la prétention d'être un as du volant aussi ne se vexait-il pas quand des automobilistes atrabilaires klaxonnaient frénétiquement derrière lui ou traitaient, au passage, sa vieille 2 CV de « tas de ferraille ».

En caban marine et jeans de velours vert olive, il alla chercher Frédéric vers seize heures avant de filer sur la porte de Saint-Cloud pour gagner l'autoroute de l'Ouest, direction Ponchartrain.

« J'ai pensé à un truc, commença Frédéric. Et si Carine s'arrangeait pour être sur les lieux du hold-up... »

Excellent préambule, le scénario permit aux deux amis de différer l'évocation du week-end à Montfort mais les tribulations de leur héroïne s'avérant laborieuses, Frédéric qui portait l'entière responsabilités de la randonnée quémanda son pardon :

« Je sais très bien que je t'impose une drôle de corvée et je te remercie de ne pas t'être défilé...

– S'il n'y avait pas le mari, ce serait agréable.

– Malheureusement, c'est pour lui que nous nous déplaçons! Marion prétend que s'il nous prend pour un petit ménage, le sien sera sauvé... et mes amours avec elle simplifiées d'autant!

– Alors, le jeu en vaut la chandelle.

– ... et si ça devient le bagne, on pourra toujours écourter la plaisanterie et plier bagage. »

Christophe osa formuler ses inquiétudes :

« Mais quel est le programme ? Enfin, comment va-t-on persuader Chassagnes de notre...

– ... « liaison », coco, n'ayons pas peur du mot ! »

Frédéric ponctua sa phrase d'une avancée de lèvres et réfléchit à haute voix :

« Si nous forçons la note, il comprendra que nous nous payons sa tête et si nous ne bronchons pas, il sera déçu... et de plus en plus sceptique. »

Christophe grimaça tandis que son ami ajoutait :

« Ne t'affole pas. C'est une question de regards, de gestes inachevés, de qualité d'attention... et de complicité. Mais la complicité, nous l'avons ! Il faut aussi tenir compte du cinéma que notre homme se fait dans sa petite tête. Ne grossissons surtout pas nos effets : un battement de paupières sera enregistré par lui comme un tremblement de terre !

– Je vais accumuler les bourdes...

– Tant mieux ! Chassagnes en concluera que tu es bourré de complexes et culpabilisé à mort. Je rétablirai l'équilibre. »

Que dire de plus ? Frédéric ne voyait pas très bien quelles consignes donner à son ami et Christophe se sentait incapable de suivre une ligne de conduite préalablement établie ; ils décidèrent donc implicitement de miser sur la chance.

Ils arrivèrent à bon port et, après avoir attiré les Chassagnes au-dehors par un coup d'avertisseur, ils s'extasièrent poliment devant la maison et le jardin dont la nuit s'emparait déjà. Le jean et la chemise écossaise du style rancher seyaient moins à Guillaume que le complet gris-cravate parce que mettant en valeur son début d'embonpoint.

Pour Marion, pull et cardigan blanc cassé portés sur un pantalon de velours vert olive, réplique exacte de celui de Christophe : coïncidence que souligna Guillaume avec une insistance presque gênante.

La conversation qui roulait maintenant sur les avantages qu'il y avait à vivre à la campagne n'intéressait ni ceux qui parlaient ni ceux qui écoutaient mais permettait à tous d'obtenir un temps de répit avant d'interpréter la comédie des attitudes, qui motivait leur réunion sous un même toit. Le sujet épuisé, on évoqua évidemment la grève et l'avarice de Bardinet puis la crise du théâtre avec un petit détour par les difficultés et les joies du métier de scénariste en demandant à l'alcool d'arrondir les angles et de chauffer les corps à défaut des cœurs. Après consultation, on résolut de s'en tenir au champagne et à la quatrième coupe, les voix montèrent d'un ton à l'exception de celle de Christophe, paralysé par la fausseté de sa position. Croyant à la préméditation, Marion, d'un regard appuyé, félicita son amant pour la subtilité de sa mise en scène.

Un peu gris, Frédéric gardait pourtant toute sa tête et attendait le moment de fournir à Guillaume Chassagnes une première indication sur le degré de son intimité avec Christophe; un geste à la fois naturel et précis auquel une âme simple n'aurait pas prêté attention mais qui ne pouvait manquer de frapper un avide de signes. Il s'assit bientôt sur le bras du siège qu'occupait son ami, lequel, comprenant la signification de ce rapprochement, s'en trouva si troublé qu'il garda les yeux obstinément fixés sur sa coupe. Coupe qu'il vidait d'ailleurs le plus lentement possible, sachant que l'ivresse était un état qui ne lui réussissait pas.

On dîna dans l'immense living-room aux poutres noircies et au parquet ciré devant un feu de bois, crépitant à point. Un vieux canapé mauve flanqué de trois fauteuils crapaud avec ce qu'il fallait çà et là de lampes de cuivre, de tableaux naïfs et de fleurs séchées sous verre indiquaient que les propriétaires n'avaient pas cherché plus loin que ce que conseillaient depuis vingt-cinq ans la plupart des revues de décoration. Le résultat était aussi conventionnel que plaisant.

Servis par une Adrienne silencieuse mais visiblement aux aguets, la terrine de lapin, le poulet rôti aux pommes flamandes et la tarte à l'orange furent dévorés avec appétit et le soulagement que procure une action bien déterminée tandis que l'on débattait de diététique et d'écologie. A l'opposé des autres convives, Christophe mangeait peu et parlait moins encore.

« On ne vous entend guère, mon cher Christophe », lui lança Guillaume.

Frédéric intervint comme l'exigeait son rôle :

« Christophe est toujours lent à s'adapter aux maisons et aux gens. Mais quand il s'attache... ajouta-t-il, volontairement sibyllin.

– Vous pouvez nous laisser, Adrienne », dit Marion à la domestique qui se retira à regret.

On prit le café face aux flammes. Frédéric s'attendrit artificiellement sur des photographies de Jérôme qu'il distinguait à peine.

« J'aimerais avoir un fils, avoua-t-il, malgré lui.

– Et qu'est-ce qui vous en empêche? demanda Guillaume.

– D'abord mon métier... et le genre de vie que je mène », continua Frédéric avec une nervosité simulée et une intonation empruntée à Diégo, ce que Marion et Christophe remarquèrent immédiatement.

Tel un prestidigitateur, Guillaume aligna sur une table basse une demi-douzaine de bouteilles biscornues et de flacons contenant eau-de-vie, alcool de poire, de prune et de framboise mais, sous prétexte de conserver un minimum de lucidité, on lui interdit de remplir les verres à liqueur.

On ne savait plus trop quoi se dire et afin d'échapper à l'ennui qui menaçait de s'installer, Marion brancha la télévision. Une émission de variétés ni pire ni meilleure qu'une autre provoqua les rires moqueurs et les quolibets des spectateurs généralement plus indulgents.

Dans l'espoir que ses invités se livreraient davantage, Guillaume déboucha deux nouvelles bouteilles de champagne qu'il mit en circulation mais, pendant la diffusion du dernier journal de la troisième chaîne, les bâillements de Christophe et les bafouillages de Frédéric l'engagèrent à interrompre momentanément l'épreuve :

« Marion, accompagne donc tes amis jusqu'à leur chambre... »

Tandis qu'il donnait un tour de clef à la porte du living-room puis à celle de la cuisine, Frédéric et Christophe gravirent, derrière Marion, l'escalier de bois qui menait à l'étage.

Dans le couloir, cédant à une impulsion, Frédéric enlaça Marion et écrasa ses lèvres sur celles de la jeune femme.

Un bruit de pas et la voix de Guillaume qui se rapprochait concrétisèrent soudain le danger :

« Que prenez-vous pour votre petit déjeuner ? »

Conscient du péril malgré son ivresse, Frédéric repoussa Marion pour se jeter sur Christophe qu'il embrassa dans le cou avec tant de fougue que le jeune homme perdit l'équilibre mais le mur les protégea heureusement l'un et l'autre de la chute.

Christophe était aussi pâle que Marion était rouge. Narquois, Guillaume s'abstint de tout commentaire.

« Qu'a-t-il vu, exactement? » pensa la jeune femme en ouvrant la porte de l'une des chambres d'ami. Des meubles rustiques se détachèrent sur fond de toile de jute et de moquette bleu pastel.

« La salle de bain est à droite... »

Marion sortit d'un placard des serviettes et des gants de toilette qu'elle empila sur le marbre d'une commode ventrue.

Frédéric qui avait lâché Christophe se laissa tomber en arrière, creusant l'édredon jaune d'or qui recouvrait le lit.

« J'ai trop éclusé de champagne, gémit-il.
– Le sac! » s'exclama Christophe, content d'avoir une raison valable pour s'absenter.

Dans le couloir, il croisa Guillaume qui n'avait pas bougé et qui l'interrogea :

« Besoin de quelque chose?
– Mon sac de voyage! »

Quand Christophe remonta chargé du bagage, Guillaume et Marion avaient disparu et Frédéric qui s'était péniblement redressé commençait à se déshabiller.

« Ça s'est bien passé, hein? demanda-t-il d'une voix un peu pâteuse mais empreinte de satisfaction.

– Très bien », répliqua Christophe, prudent.

Frédéric expédiait directement au sol son pull, sa chemise, son pantalon, son slip et ses chaussettes :

« Je dors à poil. Ça ne te gêne pas?
– Pourquoi cela me gênerait-il? »

Frédéric se glissa sous le drap, posa sa tête sur l'oreiller et fut instantanément la proie du sommeil.

Christophe éteignit aussitôt le plafonnier mais conserva une source de lumière : l'une des deux lampes de chevet – la plus éloignée de Frédéric –

qui trônaient de chaque côté du lit sur des petites tables de nuit que l'on avait privées de porte afin de les transformer en mini-bibliothèques.

Il soupira en se baissant pour ramasser les vêtements de son ami qu'il réunit au creux d'un fauteuil puis tira de son sac de voyage une brosse à dents et un pyjama couleur feuille morte, qu'il alla revêtir dans la salle de bain.

De retour dans la chambre, Christophe regarda Frédéric qui ronflait légèrement avec l'impression de déjà rêver mais le temps poursuivait sa course sans que rien ne vînt modifier l'ordonnance d'une scène qui lui semblait complètement irréelle. Le jeune homme admit enfin que le lit était un vrai lit, son ami outrageusement présent et qu'il devait se résigner à s'étendre auprès de lui s'il voulait se reposer.

Dans l'obscurité, il se coucha donc le plus discrètement possible mais, bien qu'inconscient, Frédéric perçut cette approche et, changeant de place, s'octroya une bonne partie de celle à laquelle Christophe avait droit. Réfugié sur l'extrême bord du matelas afin d'éviter tout contact avec le corps de son ami, dont la chaleur se transmettait au sien, Christophe éprouva une irrésistible envie de fuir. Fuir ? En agissant ainsi, il plongerait Frédéric et Marion dans une situation plus que délicate sans pouvoir justifier sa conduite. Fuir ? Mais pourquoi fuir ?

« Parce que je l'aime ! » se dit-il, stupéfait.

Le mensonge de Marion était une vérité, une réalité qu'il avait jusqu'ici refusé de voir et d'entendre. Il aimait Frédéric depuis le jour de leur première rencontre mais n'avait jamais osé se l'avouer. Et sans cette blague d'un goût douteux...

« Mon Dieu, s'ils l'apprenaient... »

Mais non, aucun danger. Mentir protège. Mais le

choix du mensonge était significatif. Pourquoi Marion avait-elle eu cette idée? N'avait-elle pas lu en Christophe alors qu'il avançait en aveugle?

Au diable, Marion! C'était Frédéric qui importait. Comment vivre sans masque, désormais? Ou plutôt avec! Tout dire à Frédéric? Et s'il était repoussé avec gêne ou dégoût? Ou pire : si Frédéric éclatait de rire et appelait Marion pour rire avec elle? Inconcevable!

Alors, homosexuel, lui? Voilà, Christophe avait pensé le mot... pour le récuser immédiatement. Dans homosexuel, il y avait sexe et la sexualité ne jouait aucun rôle – du moins lui semblait-il en ce moment... et il fallait qu'il en soit ainsi – dans son affection, dans son attirance pour Frédéric. Christophe ne pouvait s'imaginer dans les bras de son ami en se comportant comme il l'avait fait avec les rares filles qui avaient partagé son lit. Au cours de ces expériences décevantes, il n'avait ressenti qu'une excitation relative. Et seul son corps s'était exprimé. Mécaniquement.

Mais si Frédéric (motivé ou non) se jetait à nouveau sur lui, comme tout à l'heure, Christophe résisterait-il? C'était fou, c'était criminel que de concevoir une telle scène...

Plaqué contre son dos, l'avant-bras de Frédéric le brûlait comme un fer rouge. C'était insupportable, c'était à hurler. Christophe se leva d'un bond et courut se réfugier dans la salle de bain. Au centre de la glace, son visage livide l'impressionna.

« Pourvu que je ne tombe pas malade... »

Pourquoi malade? Il n'était pas malade, il était amoureux. Christophe appliqua sur ses joues un gant mouillé puis s'essuya avec une serviette. Pris de vertige, il s'assit sur le bord de la baignoire.

Que faire? « Fuir? » se dit-il, à nouveau. Pas question. Dormir dans la salle de bain? Ridicule.

Rejoindre Frédéric? Impossible. Et comment, demain, affronter son regard, sans pâlir, sans rougir, sans mourir?

La porte s'ouvrit brusquement et Christophe sursauta avant de souhaiter disparaître sous terre. Vacillant, Frédéric se retenait d'une main au chambranle, les cheveux ébouriffés, l'air étonné, inquiet même.

« Qu'est-ce que tu fous là? Ça ne va pas? »

La question impliquait la réponse, une réponse vraisemblable.

« Trop bu. J'ai pas l'habitude...
— Il y a sûrement une armoire à pharmacie dans le secteur... »

Réveiller Marion et Guillaume? Christophe écarta cette éventualité couleur vaudeville. C'était à lui de rétablir, de dédramatiser la situation. Et puis, le plus dur n'était-il pas fait? N'avait-il pas revu Frédéric, parlé avec lui sans faiblir? Il n'y avait qu'à enchaîner. Et mentir.

« Pas la peine; je me sens déjà mieux.
— Sûr?
— Sûr, répéta Christophe.
— Alors, au pieu! »

Ils retournèrent se coucher.

« Bonne nuit, mon gros père!
— Bonne nuit. »

Frédéric se remit à ronfler. Ainsi bercé, Christophe envisagea le lendemain avec davantage de sérénité. Il jouerait le rôle qui lui avait été attribué. Avec cette différence qu'il savait maintenant qu'il ne s'agissait pas d'un rôle, que Marion et Frédéric l'avaient contraint à endosser sa véritable personnalité. Il lui faudrait simplement déployer un peu plus de talent.

Le ronflement de Frédéric s'intensifia, apaisa Christophe. Alors, comme on se jette à l'eau, le jeune homme posa sa main sur l'épaule de son ami et, ainsi amarré, poursuivit sa traversée de la nuit.

*

Le dimanche fut harmonieux. Du moins, en apparence. A la surprise des deux amants, Christophe parut le plus à l'aise, le plus juste dans ses réactions que l'on croyait préméditées et Guillaume, étonné lui aussi mais pour d'autres raisons, ravala piques et provocations.

« Continue dans ce style, murmura Frédéric à Christophe à un moment où le mari ne pouvait les entendre.

– Quel style? » répliqua le jeune homme, tombant des nues.

Petit déjeuner tardif et copieux, promenade sous un soleil anémique, parties de scrabble, projection des *Enfants du paradis* à la télévision grâce au magnétoscope, ponctuèrent la journée.

Au cours de la promenade, comme Frédéric et Marion se laissaient distancer et riaient ensemble, Christophe qui marchait devant avec Guillaume se retourna pour leur jeter un regard irrité qui ne devait rien à la comédie. Guillaume enregistra et médita.

Frédéric et Christophe n'eurent ni le loisir ni l'envie d'écrire une ligne, trop attentifs à ce qui se tramait en eux ou autour d'eux.

Quand, pendant le dîner, Frédéric évoqua, le premier, le retour à Paris, Christophe s'assombrit et Guillaume exploita cet accès de morosité qui désamorçait ses frêles certitudes : normalement, le jeune homme n'aurait-il pas dû rayonner à l'idée de se retrouver en tête-à-tête avec Frédéric?

« On ne va pas se quitter comme ça; je vous

invite à boire un verre dans une boîte. N'est-ce pas, Marion ? »

Marion et Christophe acquiescèrent joyeusement et Frédéric ne put que les imiter.

Les voitures filaient maintenant dans la nuit, la 2 CV à la traîne de la Mercedes.

« Tu t'en es drôlement bien tiré, dit Frédéric à Christophe. Au fond, tu es un comédien-né...
– J'ai raté ma vocation...
– Tu es assez jeune pour prendre le train en marche.
– A condition de t'avoir comme coéquipier ! »

Les deux amis déchantèrent quand ils durent se garer rue Sainte-Anne. Guillaume et Marion les attendaient devant la porte du *Gayridon*.

« Une boîte de tantes ! s'exclama Frédéric. Ce salaud nous tend un dernier piège ! »

A l'exception de quelques beautés sophistiquées et de deux ou trois madones – des femmes d'âge mûr élevées au rang d'idole ou de mère de substitution – la clientèle du *Gayridon* se composait uniquement de garçons et évoluait dans une pénombre hachée par des flashes de lumières colorées; une clientèle morcelée ou doublée par des miroirs de grandeur différente qui tapissaient les murs, assemblés de façon à fausser toutes perspectives.

Dès qu'ils eurent déposé leur manteau au vestiaire, Frédéric attira Christophe sur la piste de danse et ils se mêlèrent à d'autres couples d'hommes, graves ou rieurs, que *Wild Kiss* faisait se balancer en cadence.

« Mettons le paquet ! » dit Frédéric en collant sa joue contre celle de Christophe dont le cœur battit soudain plus vite.

Ils tanguèrent ainsi jusqu'à ce qu'un adolescent prolongé – prolongé par les fards et une tenue de voyou mais trahi par les rides et un début de calvitie – ne les sépare d'autorité tant était vive son émotion : « Frédéric! Tu es bien la dernière personne que je pensais rencontrer ici!

– Et pourquoi ça, s'il te plaît? répliqua Frédéric à l'intention de Lucien Simonet, un comédien avec lequel il avait joué en tournée quelques années plus tôt et dont il avait, à l'époque, gentiment mais fermement repoussé les avances.

– Parce que je te croyais désespérément masculinophobe!

– On évolue...

– C'est ton ami? » s'informa Simonet en regardant Christophe avec avidité.

Dans la bouche de Simonet, le mot « ami » avait une signification précise. Frédéric ne l'ignorait pas. Ni Christophe, d'ailleurs.

« C'est mon ami, confirma Frédéric parce que *Wild Kiss* s'achevait sur une note aiguë et qu'assis non loin de là, Guillaume tendait l'oreille. Christophe Aubry... Lucien Simonet, un copain de tournée... »

Christophe et Simonet se serrèrent la main.

« Tu as bon goût... »

La musique reprit ses droits et les danseurs, leurs déhanchements. Enlaçant à nouveau Christophe, Frédéric lui confia dans un rire quand l'acteur fut hors de vue :

« Ce pauvre Simonet est tué! »

Christophe ne partagea pas cette hilarité, tout à la lutte qu'il menait contre lui-même, déchiré entre l'envie de s'abandonner et l'obligation impérative de conserver humour et sang-froid.

La danse, pour lui, était un supplice. Un bonheur, aussi. Le supplice et le bonheur finirent ensemble et ramenèrent les deux amis à la table de Guillaume qui avait commandé des whiskies.

« Comment connaissiez-vous cet endroit? lui demanda Frédéric.

– Par certains de mes clients. Mais je n'y avais encore jamais mis les pieds. »

Frédéric hésitait à inviter Marion à danser. « Je n'ose pas l'inviter parce que je suis son amant... mais si j'étais réellement l'amant de Christophe et non pas le sien, je l'inviterais sans me poser de problème. Donc... »

« On danse, Marion? Vous permettez, Guillaume?

– Naturellement. »

Marion et Frédéric se levèrent. Triste et furieux, Christophe avala d'un trait le contenu de son verre.

« Jaloux? » lui lança Guillaume qui ne le quittait pas des yeux.

Jaloux? Oui, Christophe était jaloux. Atrocement. Et pour la première fois, il haïssait Marion. D'abord, parce qu'elle était la maîtresse de Frédéric et aussi parce qu'elle l'avait obligé à regarder en lui-même. Il aurait voulu la punir en épargnant Frédéric mais c'était impossible. Faire un esclandre? Non, ce serait le meilleur moyen de rassurer Guillaume... et, plus tard, d'être félicité par les amants pour avoir pris cette initiative. Alors, comment briser le couple, inquiéter le mari? En insinuant que Frédéric ne s'intéressait pas qu'aux garçons. Ce n'était évidemment pas ce qu'on attendait de lui mais l'avait-on consulté avant de l'enrôler dans une conspiration où il était le seul à souffrir?

« Frédéric a beaucoup de succès auprès des femmes, lâcha-t-il.

– Et jusqu'où va ce succès? répliqua Guillaume.

– En général, un succès, on en profite, non? »

« Mon Dieu, je suis ignoble! » pensa Christophe, bourrelé de remords, avant d'ajouter :

« J'ai soif... »

Guillaume rapprocha du jeune homme le verre auquel Frédéric n'avait pas touché. Il le vida sur-le-champ tandis que Guillaume faisait signe au barman de renouveler les consommations. Christophe qui ne supportait pas le whisky, atteignit aussitôt l'ivresse, désormais incapable – et c'était bien là son but – de juger et de se juger.

Sur la piste de danse, Marion félicitait son amant :

« Vous avez été superbes... et attendrissants. J'ai failli marcher!

– Le talent, ma belle!

– Nous pourrons nous revoir très vite. Et sans risque.

– « Comme avant, mieux qu'avant! »

Lucien Simonet refit surface et Frédéric lui présenta Marion.

« Je suis avec Albert Samson », confia-t-il d'un air faussement détaché.

Le nom du célèbre producteur de films, homosexuel notoire, impressionna les deux comédiens.

« Il t'a remarqué, Frédéric, poursuivit Simonet. Il sait d'ailleurs qui tu es. Il désire te parler.

– Oh! tu blagues? Et à quel sujet? demanda Frédéric, incrédule.

– Boulot!

– Vas-y », ordonna Marion.

Frédéric suivit Simonet tandis que la jeune femme rejoignait Guillaume et Christophe et leur annonçait la nouvelle.

Petit sexagénaire voûté, Albert Samson dont les magazines de cinéma avaient popularisé le physique ingrat – crâne rasé, nez pointu, regard glacé – et la télévision la voix nasillarde, était entouré de quatre très jeunes gens d'une grande beauté, tous silencieux, comme statufiés.

« Bonsoir », dit Frédéric.

Albert Samson secoua la tête sans tendre sa petite main chargée de bagues comme s'il craignait qu'on lui en arrachât une.

« Je vous ai vu dans *Un sucre ou deux?* lança-t-il. C'est une merde, mais vous, vous avez quelque chose. Et vous êtes beaucoup plus séduisant en costume moderne.

– Merci.

– Je cherche un comédien. Venez demain à Epinay. Quatorze heures. Studio D. Vous pouvez amener le biquet! Au revoir. »

Lucien Simonet escorta son camarade jusqu'à la piste et Frédéric eut l'intuition que le vieux jeune homme tenait, auprès de Samson, l'emploi de rabatteur et d'organisateur des petits plaisirs.

« C'est sérieux, ce truc? lui demanda-t-il.

– Absolument. Tu sais ce qu'il prépare?

– Non.

– Mais sur quelle planète vis-tu? »

Simonet leva les yeux au ciel avant de résumer des événements que les milieux du cinéma commentaient avec passion depuis deux semaines :

« Sa nouvelle production – mise en scène par Jean Tressard – devait démarrer en mars avec Alain Leduc, Florence Farnèse et Diane Dubail.

– Une distribution prestigieuse, convint Frédéric.

– Le problème est que bien qu'ayant déjà signé son contrat, Alain Leduc vient de déclarer forfait pour aller tourner un film à Los Angeles – les Américains paieront le dédit. Et Samson cherche quelqu'un pour le remplacer...

– Ne me dis pas que j'ai des chances! s'exclama Frédéric, hilare.

– Tu as l'âge de Leduc...

– Mais pas sa place au box-office!

— De toute façon, le match Farnèse-Dubail attirera les foules; Samson peut donc se permettre d'engager un parfait inconnu. Mais ne rêve pas trop : tu n'es pas le seul dans la course!

— Je m'en doute... et, honnêtement, je m'en fiche!

— Vraiment! répliqua Simonet, sidéré.

— Vraiment. Mais je serai tout de même demain à Epinay. Salut, Simonet! Et merci. »

Frédéric raconta à ses amis sa brève entrevue avec le producteur mais s'empressa de tempérer l'enthousiasme de Marion :

« Je ne suis pas encore starisé!

— Et si ce type s'intéressait à vous sur un plan... disons privé? déclara Guillaume.

— Non; il a la réputation de n'aimer que les minets. Ce que j'ai d'ailleurs pu constater.

— Alors, ne laissez pas traîner Christophe à sa portée!

— Quoi? s'exclama le jeune homme, comme réveillé en sursaut.

— Tu es malade? demanda Frédéric en s'avisant que son ami semblait au bord de l'évanouissement.

— Il est fin soûl, expliqua Guillaume d'un ton neutre. Il s'est frénétiquement mis à boire dès que vous avez invité Marion à danser. »

Subtilement exagérée par tous, l'indisposition de Christophe permit d'écourter une soirée que personne ne souhaitait voir se prolonger. Et puis, Frédéric ne devait-il pas se reposer afin d'être au mieux de sa forme, le lendemain, pour affronter l'équipe d'Albert Samson, à Epinay?

Dehors, il apparut très vite que Christophe ne pouvait reprendre le volant.

« Je ne sais pas conduire, avoua Frédéric à Guillaume.

– Pas possible ?
– Chacun ses petites faiblesses !
– Je vais vous raccompagner. Dans quel coin habitez-vous ? »

Parce que Frédéric se précipitait au secours de Christophe qui titubait, Marion lança sans réfléchir :

« 7 *bis*, rue du Cardinal-Lemoine. »

A peine avait-elle parlé que Marion se mordit les lèvres comme si elle venait de se trahir. Guillaume commenta sèchement cette accumulation de bévues :

« Pourquoi cet air catastrophé ? N'est-il pas normal que tu connaisses l'adresse de ton " camarade " ? »

CHAPITRE IV

La sonnerie du téléphone qui lui parut désagréablement et anormalement amplifiée arracha Christophe au sommeil. Epuisé, migraineux et les paupières closes, il tendit la main et tâtonna dans le vide, ahuri parce qu'impuissant à localiser l'appareil toujours juché sur la table de nuit. D'ailleurs, la table de nuit avait disparu.

« Assez! » gémit-il comme si la personne qui l'appelait était déjà en mesure de l'entendre.

Christophe se résigna à ouvrir les yeux et découvrit avec effarement qu'il n'était pas dans son lit. Ni dans sa chambre. Les vieilles affiches accrochées aux murs et les piles de livres et de vidéo-cassettes sur la moquette lui étaient cependant familières.

Incapable de remonter le temps, de se souvenir comment il avait atterri chez Frédéric, Christophe se pencha hors du lit pour décrocher le combiné et identifia immédiatement la voix à la fois affectée et canaille qui s'en échappait : celle de Diégo.

« Tu n'es pas pressé, beau Freddy! Tu étais en train de te machiner sous la douche ou quoi?

— Ce n'est pas Frédéric, c'est Christophe...

— Ma chérie! Alors, on ne se quitte plus? C'est du propre! Passe-moi la bête humaine...

— Il n'est pas là... il fait des courses, prétendit Christophe.
— Et toi, les cuivres? Le vrai petit ménage! Je vous annonce une grande nouvelle : Bardinet a craqué!
— Non?
— Parole de folle! De gros radiateurs à huile seront installés cet après-midi. Un dans chaque loge. J'y veillerai personnellement puique c'est le jour de fermeture de mon salon.
— Quand reprenez-vous la pièce?
— Demain puisque, tu le sais, le lundi c'est relâche. Mais je bats le rappel pour ce soir : nous devons célébrer dignement notre victoire. Rendez-vous donc à *La Consigne*. Je t'embrasse, Christophinette! »

Diégo avait raccroché. Il fallait avertir Frédéric mais où était-il?

Christophe vit alors une feuille de papier, punaisée au-dessus de son oreiller.

Impossible de te réveiller! Je file à Epinay. Rendez-vous à La Consigne pour dîner. Tchao. F.

Epinay? Le nom fit office de révélateur et rafraîchit la mémoire de Christophe. Du moins pour tout ce qui avait été dit et manigancé au *Gayridon*. La suite était plus floue... mais relativement facile à reconstituer. Frédéric avait donc ramené Christophe rue du Cardinal-Lemoine.

« Nous avons passé une nouvelle nuit côte à côte... et je ne m'en suis pas aperçu! »

Christophe se rendit compte qu'il portait son pyjama. Qui l'avait déshabillé?

Il retomba sur l'oreiller qu'il inonda de larmes amères jusqu'au moment où sa conscience professionnelle triompha de son chagrin. Il était midi dix.

« J'ai raté la conférence du patron! » La sacrée sainte conférence du lundi matin!

Christophe appela *Télévie* et demanda à parler à Catherine, sa préférée dans l'équipe du journal.

« Christophe! Tu es souffrant?
– Gueule de bois.
– Ça ne te ressemble pas!
– Le patron a remarqué mon absence?
– Pas vraiment; j'ai brouillé les pistes. Tu es chargé d'écrire un papier sur le cinéma de l'Occupation. J'ai tout noté.
– Merci, Catherine. A tout à l'heure. »

Christophe s'étira, respirant avec émotion les effluves de *Pompéi* l'eau de toilette utilisée par Frédéric et qui avait imprégné les draps. Eau de toilette offerte par Marion... comme le peignoir en éponge-velours bleu! Christophe enfila malgré tout le vêtement par dessus son pyjama et entreprit d'aller se faire du thé dans la cuisine-capharnaüm de son ami.

« Si nous habitions ensemble... »

Rêve extravagant et qu'il voulut s'empêcher de caresser en se plongeant dans la lecture du scénario qu'il bâtissait, soir après soir, avec Frédéric depuis des mois. Très vite, la vérité – une vérité qui l'avait effleuré à plusieurs reprises mais à laquelle il avait, jusque là, réussi à échapper – lui éclata au visage. L'histoire, leur histoire, ne valait rien... ou si peu! Personnages sans véritable dimension, péripéties mélodramatiques, cas de conscience artificiel...

Ce qu'il tenait entre les mains, Christophe en avait pleinement conscience, ce n'était que le prétexte idéal pour rencontrer quotidiennement Frédéric et l'éloigner des autres. L'occasion aussi, d'une certaine façon, de se l'attacher.

Mais comment continuer maintenant que Marion

avait fait la lumière sur ce qu'il éprouvait réellement pour son ami?

Mentir n'était pas son fort. Tôt ou tard, miné par la jalousie ou par le désespoir, Christophe se trahirait, volontairement ou non. Et, ce jour-là, il ne pourrait plus regarder Frédéric en face.

Christophe repoussa les feuillets qui s'éparpillèrent au sol, symbole d'une séparation que le jeune homme ressentait comme inéluctable.

*

Un bout d'essai est toujours pour ceux qui s'y soumettent une épreuve redoutable car c'est une promesse de gloire souvent non tenue. Toute une carrière peut se jouer en quelques minutes. N'attendant rien de précis donc d'une décontraction totale, Frédéric, aux dires mêmes du metteur en scène, s'en tira plutôt mieux que les trois acteurs qui l'avaient précédé sur le plateau du studio D et dans les bras de Diane Dubail. Mais il n'était pas le dernier candidat à la succession d'Alain Leduc.

Diane Dubail n'était guère différente du personnage qu'elle interprétait à l'écran, film après film et qui avait fait son succès : une grande belle fille brune, fraîche et naturelle, libre dans ses actes comme dans ses paroles. Mais maintenant que l'on « montait » une production sur son nom, lassée du caractère répétitif de ses rôles et du manque de consistance des scénarios qu'on lui proposait, elle aspirait à se renouveler. Ce fut ce qu'elle raconta à Frédéric avec lequel elle eut un contact immédiat et intense. Elle lui apprit aussi que le film financé par Albert Samson – *La mort n'a pas de faux cils* – était un thriller psychologique au cours duquel un ex-pianiste de bar, compositeur de chansons à ses heures, essayait de supprimer son épouse richissime et vieillissante – que jouait Florence Farnèse – pour vivre avec sa maîtresse, une chanteuse de cabaret que l'argent intéressait moins que l'amour. D'où conflits en tous genres, suspense et retournement final sur fond de Croisette puisque l'action du film se déroulait principalement à Cannes.

« Ce qui m'excite, c'est que je chante pour la première fois et sans être doublée! »

C'était une des raisons pour lesquelles Diane avait accepté de partager l'affiche avec Alain Leduc – séducteur *number one* – et Florence Farnèse, gloire sur le déclin mais toujours très populaire surtout chez les spectateurs de plus de cinquante ans.

« La Farnèse, elle me faisait saliver quand j'étais gosse. Elle est encore super! » commenta Diane au passage.

Fasciné par les Etats-Unis, Alain Leduc avait sauté dans le premier avion quand Prentiss-Pictures avait fait appel à lui.

« Il en reviendra vite, pronostiqua Diane sans méchanceté aucune. Alain n'a pas les épaules assez larges pour Hollywood! »

Restait que Leduc n'était pas facile à remplacer et que défilait à Epinay tout ce que Paris comportait de don juans supposés, connus ou inconnus du grand public.

La scène test avait pour cadre une chambre à coucher où se retrouvaient en secret le pianiste tourmenté et la chanteuse.

Frédéric avait été obligé de se mettre torse nu pour échanger une dizaine de répliques et quelques baisers passionnés avec Diane Dubail. Baisers qui s'étaient prolongés après le traditionnel « Coupez! » au point qu'il était devenu évident pour toute l'équipe technique comme pour les deux protagonistes que le couple Dubail-Renoir « fonctionnait » bien.

Plus tard, dans la salle de maquillage, Frédéric essuyait son visage avec des Kleenex quand Diane surgit au pas de course :

« Pour le moment, tu figures dans le peloton de tête! annonça-t-elle.

— Ah! bon, répliqua-t-il sans émotion particulière. Mais je t'avoue franchement que si je suis recalé, je n'en ferai pas une maladie.

— Mais c'est qu'il a l'air sincère! s'étonna la jeune femme en arrangeant sa frange, devant une glace.

— Mais je le suis. Le cinéma n'est pas mon but.

— Tu joues au théâtre, paraît-il? »

« Elle s'est renseignée », pensa Frédéric, tout de même assez content.

« Oui. Au théâtre de la Harpe. Si ça t'amuse de venir un soir...

— Je viendrai.

— Mais attends quelques jours car nous sommes en grève.

— Je te téléphonerai. »

L'assistant du metteur en scène, un adolescent boutonneux, interrompit le tête-à-tête :

« Diane, sur le plateau!

— Et on remet ça, dit Diane en soupirant. Heureusement que j'ai la santé! »

Elle noua ses bras autour du cou de Frédéric dont elle embrassa la bouche.

« Diane! répéta l'assistant, implacable.

— Merde! lui dit Diane sans lâcher Frédéric à qui elle murmura : Dommage qu'on manque de temps...

— On le trouvera, promit Frédéric.

— Je t'appelle très vite. »

Diane suivit l'adolescent pour aller s'allonger

auprès d'un comédien dont Frédéric ne voulait pas savoir le nom.

Dans le couloir, il croisa Albert Samson et comme à son arrivée au studio, fut frappé par sa petite taille.

« Je verrai les rushes demain soir, dit-il. D'après ce que j'ai pu constater, vous formez avec Diane un couple intéressant...

— « Intéressant » est le mot que je cherchais! répliqua Frédéric en riant.

— Vous n'avez pas amené votre petit ami?

— Il a son travail et moi, le mien.

— Vos distractions et lui, les siennes? »

Etait-ce une avance déguisée, une allusion à Diane Dubail ou un simple trait d'esprit? Albert Samson ne risquait-il pas d'irriter Diane en lui parlant de Christophe? « Je m'en fous! » décida Frédéric.

« Disons que je suis plus éclectique.

— Et moins fidèle? »

« Toi, tu commences à m'emmerder! » pensa Frédéric et son regard dut traduire son irritation car le producteur se hâta d'ajouter :

« Farnèse a l'habitude de dire qu'elle est la plus grande parce qu'elle a tout expérimenté et je suis assez de son avis. Ne ménagez donc ni votre peine ni votre corps. Adieu, mon cher. »

Il était dix-huit heures quinze. Frédéric dut attendre un autobus dans le froid pendant vingt minutes avant d'y grimper en compagnie d'une douzaine de personnes. « Ce n'est pas un moyen de locomotion digne d'une future star », se dit-il, plaqué contre une grosse femme en sueur, accroché d'une main à une boucle de cuir pour ne pas tomber. Il se souvint du désir que Diane avait fait naître en lui – désir partagé – et ne douta pas d'avoir bientôt de ses nouvelles. Il s'imaginait plus volontiers en amant de Diane qu'en héros de « thriller psychologique »! Et Marion?

« Marion et moi ne sommes pas mariés! »

Frédéric se dit encore que sans Marion il n'aurait jamais passé une soirée au *Gayridon* et que, par conséquent, il n'aurait jamais été remarqué par Albert Samson. « Tout est sa faute! » conclut-il comme si ce qu'il vivait depuis la veille n'était qu'une succession de désagréments. Il se rendit compte alors qu'il pensait de travers mais ne put corriger son jugement. Et cette impossibilité le troubla, l'inquiéta même, lui qui ne connaissait pas l'inquiétude.

*

Christophe avait d'abord décidé de ne pas se rendre à *La Consigne* mais, au fur et à mesure que l'heure du rendez-vous se rapprochait, il tergiversa pour finalement changer radicalement d'avis. Au point de se présenter rue de la Harpe dès 18 h 45. Mais il n'était pas le premier. Absorbée dans la lecture d'une épaisse brochure, Monelle Vautrin n'aurait pas remarqué le jeune homme s'il ne l'avait embrassée. Extatique, elle lui agita la brochure sous le nez. *Bonheur en location*, lut-il sur la couverture.

« C'est ton projet de télé? demanda-t-il en s'asseyant à côté d'elle.

— Ils m'ont recontactée ce matin, raconta Monelle, très excitée. Je croyais que c'était à l'eau, et puis...

— Je suis content pour toi. Je vais l'annoncer dans mon canard, ajouta Christophe en faisant jaillir de sa poche stylo-feutre et carnet.

— Tu es sympa.

— Ça se tourne où et quand?

– Mars, avril et mai. Versailles et Paris. Six épisodes d'une heure. Je ne suis que dans les trois derniers mais le rôle est très fort. C'est une fille qui... »

Christophe n'écoutait plus car, se substituant à la voix de Monelle, il entendait celle de Frédéric lui vanter les qualités du script du film produit par Albert Samson. Prémonition?

« Christophe, tu as une sale mine! décréta soudain Monelle en tripotant le pendant en strass qu'elle portait à l'oreille gauche.

– Des ennuis de famille », répliqua le jeune homme avec le ton qui convenait. « Que c'est facile de mentir... »

« *Haï-ho, haï-ho, on s'remet au boulot!* » gazouilla Lucie Baron en se précipitant sur ses amis.

Christophe que Lucie agaçait souvent bénit son irruption. Alexandre, Diégo et Pierrot se joignirent au groupe. On s'embrassa, on se congratula et Diégo mima l'installation des radiateurs à huile, qu'avaient apporté...

« ... deux sublimes gladiateurs. Le martyr, c'était moi : ils m'ont appelé monsieur!

– J'ai pas compris! » gémit Lucie tandis que Diégo levait les yeux au ciel. Elle continua parce que souffrant toujours quand la troupe n'était pas au complet : Frédéric et Marion sont en retard...

« Marion ne vient pas. Petit rhume sans gravité », précisa Diégo.

« Elle se défile », traduisit Christophe.

« Bouclée par son affreux mari, corrigea Monelle. En voilà un qui aurait souhaité que la grève dure indéfiniment...

– Et Frédéric? dit Lucie.

– Il est là! » annonça Frédéric.

Bises aux femmes et bourrades aux hommes. Lucie s'éloigna spontanément de Christophe afin que le nouvel arrivant puisse s'asseoir à côté de son ami. Mouvement naturel qui n'étonna personne... sauf Christophe dont l'optique avait changé.

« Et votre week-end à Montfort, c'était comment ? lui demanda brusquement Diégo. Culturel ou cul-tout-court ? »

Christophe rougit et s'en voulut. Frédéric rit sans effort :

« Tisane, scrabble et feux de bois. Tu aurais été déçu.

– Pourquoi ? Tu n'imagines pas tout ce que je peux faire en jouant au scrabble devant un feu de bois ! Et la maison, quel genre ? Versailles ou la villa " Ça m'suffit " ? »

Frédéric évoqua le pavillon de chasse et sa décoration intérieure mais, très vite, ses camarades que le sujet ne passionnait guère ramenèrent la conversation vers le théâtre. N'était-il pas possible – en brandissant la menace d'une nouvelle grève – d'obtenir de Bardinet qu'il dote sa salle de fauteuils neufs ? Christophe ne se mêla pas à la discussion. Il pensait à Marion... dont l'absence ne semblait pas attrister Frédéric. S'étaient-ils téléphoné ou bien la jeune femme avait-elle subitement perdu son auréole... à la faveur des rebondissements imprévus qu'avait engendrés son mensonge ?

Alexandre invita sa troupe à dîner pour fêter sa victoire. L'alcool et les vins aidant, on refit la salle du théâtre de la Harpe et le monde du spectacle. Monelle parla de *Bonheur en location* mais Frédéric garda le silence sur son bout d'essai.

Ils se quittèrent à regret. Christophe qui avait récupéré sa 2 CV rue Sainte-Anne rapprocha Frédéric de la rue du Cardinal-Lemoine avec au cœur le secret espoir que son ami lui proposerait de monter chez lui.

Dans la voiture, Frédéric évoqua Epinay, plus

enclin à célébrer les charmes de Diane Dubail qu'à détailler le tournage de son test et Christophe comprit enfin pourquoi il avait été si peu question de Marion à La Consigne.

« Je ne sais pas si je ferai ce foutu film... mais j'ai pensé à nous!

— A nous? répéta Christophe, n'en croyant pas ses oreilles.

— Samson a l'air de m'avoir à la bonne : il me sera facile de le brancher sur notre scénario. »

Christophe refusa de dissiper les illusions de son ami mais n'en conservant aucune sur la valeur de leur travail, il ne parvint pas à partager son enthousiasme. Frédéric n'eut heureusement pas le temps de s'en étonner car la 2 CV s'engageait dans la rue du Cardinal-Lemoine.

« Salut, mon gros père, dit-il en mettant pied à terre. Demain, on reprend la plume!

— D'accord », répliqua Christophe avec un sourire-grimace avant de démarrer.

Alors qu'il gravissait l'escalier, Frédéric entendit et reconnut la sonnerie de son téléphone. Il pressa son allure. Dans sa chambre, il se jeta à plat-ventre sur le lit et décrocha l'appareil, un peu essoufflé :

« Allô?

— Diane Dubail.

— Diane! C'est sympa de m'appeler...

— Pour la quatrième fois!

— J'étais au théâtre. La grève est terminée. On rejoue demain soir.

— Formidable! Je voulais juste te dire, bien que tu t'en fiches, que les trois acteurs qui t'ont succédé sur le plateau ne m'ont pas semblé faire le poids. Je dois t'avouer que j'ai un peu saboté leur scène! ajouta Diane en riant à l'autre bout du fil. J'ai hâte de voir les rushes. Florence Farnèse assistera à la projection. Si elle te donne sa voix, ton compte est bon! Tu as un agent?

— Un agent?

— Oui, pour défendre tes intérêts, pour éplucher tes contrats...

— Non.

— Tu es unique! Tu prendras le mien.

— Si ça marche..

— Si ça marche! Je peux venir t'applaudir, demain soir?

— Pas de problème. C'est à vingt heures trente. Je laisserai deux places à ton nom au contrôle.

— Ecoute, je... je ne m'attarderai pas dans les coulisses. Mais je te propose de me retrouver chez moi une heure après le spectacle... »

« Le temps pour toi de te débarrasser de ton cavalier », pensa Frédéric mais ne s'accordant pas le droit de perturber l'univers sentimental de la vedette, il se tut.

« ... 148, rue de Grenelle, 7e étage, dictait Diane. Le code de la porte d'entrée : 2724. Tu as tout noté? Oui? A demain. Je t'embrasse. »

Après avoir raccroché, Frédéric se déshabilla et passa sous la douche en sifflotant. L'angoisse, l'inquiétude ressenties tout à l'heure durant le trajet en autobus s'étaient entièrement dissipées. Il ne pensait ni à Diane qui s'offrait ni à Marion dont l'image s'était imperceptiblement ternie mais bien à Christophe qu'il associait à son avenir :

« Renoir et Aubry : scénaristes! »

Christophe, lui, roulait dans Paris. Sans but. Et les yeux rouges tant il avait pleuré.

Un *Salut, mon gros père!* accompagné d'une bourrade affectueuse : il aurait beau faire, il n'obtiendrait jamais rien de plus de la part de Frédéric. Pourrait-il, pouvait-il s'en contenter? Non, plus maintenant. Alors, partir? Non!

Ni avec toi ni sans toi, avait-il lu quelque part.

Soudain, boulevard Saint-Michel, une silhouette lui parut familière : un manteau de lapin, un bonnet de laine marine. Christophe manœuvra pour se rapprocher du trottoir. C'était bien Diégo qui suivait un jeune homme vêtu de cuir noir. Craignant d'être reconnu et plus tard accusé d'indiscrétion, Christophe accéléra. Il savait, toute la troupe savait que Diégo trompait Alex. Et qu'Alex préférait la trahison à la solitude.

« Moi, si je vivais avec Frédéric... »

Christophe se rendit compte qu'il avait parlé à haute voix et cela lui causa un choc. Au risque de provoquer un accident, il stoppa sa 2 CV puis recula à vive allure pour se retrouver à la hauteur de Diégo. Il sauta alors sur le trottoir et cria, les larmes lui jaillissant des yeux.

« Diégo, il faut que tu m'aides! »

Le jeune homme vêtu de cuir prit la fuite et Diégo, le bras de Christophe :

« Je te ramène chez toi. C'est rue des Cordiers, non?

— Oui. »

Ils montèrent dans la voiture que Diégo remit en marche après avoir tendu son mouchoir à Christophe :

« Mouche-toi un bon coup... à propos de coup, tu m'as cassé le mien mais je ne t'en veux pas car tu as des excuses. Ne me raconte rien, c'est inutile. J'ai tout deviné. Mais tu peux compter sur ma discrétion. J'ai une grande gueule mais dans des occasions plus grandes encore, je sais tenir ma langue! »

Diégo ne l'avait pas appelé une seule fois « ma chérie » et Christophe lui en fut reconnaissant.

Au même moment, allongée près de Guillaume, Marion se demandait pourquoi, prévenue par Diégo, elle avait prétexté un rhume pour ne pas se joindre à la troupe qui fêtait la reddition de Bardinet. Peur de contrarier Guillaume qui n'avait guère ouvert la bouche depuis la soirée au *Gayridon*? Gêne vis-à-vis de Frédéric et de Christophe, qu'elle avait contraints à se ridiculiser et qui devaient lui en vouloir? Mais non, elle était stupide. Frédéric ne pouvait lui en vouloir puisqu'il l'aimait et puisqu'il pourrait, grâce à son mensonge, l'aimer davantage...

« Tu ne dors pas? » dit Guillaume.

Les lèvres de Marion esquissèrent un « non » qu'elle put heureusement retenir, comprenant à temps que répondre l'eût entraînée sur un terrain dangereux.

Elle s'interdit aussi de « jouer » le sommeil, ce qui n'aurait pas manqué d'alerter, d'irriter son mari.

Et Marion demeura ainsi, tendue, malheureuse et angoissée; l'exceptionnelle insomnie de Guillaume s'ajoutant à la sienne.

*

« Deux places pour Diane Dubail! » : l'incroyable nouvelle courut de bouche en bouche, le soir de la reprise du spectacle, balayant l'émotion des retrouvailles et la sensation de bien-être procurée par les fameux radiateurs. On pressa Frédéric de questions. Il y répondit mollement : « Je la connais à peine; nous avons un vague, très vague projet de film ensemble... »

Plus tard, la présence de la vedette électrisa la salle d'autant qu'elle était arrivée au bras de Florence Farnèse. Mais cela, Frédéric et ses camarades ne l'apprirent qu'à la chute du rideau.

En bottes, trench-coat et foulard sur la tête, Diane s'était habillée pour ne pas attirer l'attention mais, star *for ever*, sa grande aînée, les oreilles cloutées de diamants, portait un Chanel sous une cape doublée de vison. Les spectateurs assis loin d'elle et les myopes affirmèrent que la Farnèse ne changeait pas. Les autres s'accordèrent à dire qu'elle avait encore beaucoup d'allure.

Les deux comédiennes applaudirent longuement la troupe avant de s'aventurer dans le couloir qui menait aux loges. Elles pénétrèrent d'abord dans celle des femmes puis, renseignées par Marion, se dirigèrent vers celle des hommes.

« Je te présente Florence, dit Diane à Frédéric.
— Je suis ravi...
— Tu devines pourquoi nous sommes venues ensemble?
— Ben...
— C'est toi qui as le rôle! poursuivit joyeusement Diane. Nous tenions à te l'annoncer nous-mêmes.
— Le rôle? Quel rôle? » demandèrent plusieurs voix.

Marion, Lucie et Monelle avaient envahi la petite pièce et réclamaient des précisions, comme Diégo, Alex et Pierrot.

Diane riait. Bousculée, un peu étourdie, Florence Farnèse se rattrapa au premier bras qui était à sa portée. C'était, par chance, celui de son futur partenaire. Tout le monde parlait en même temps.

Convoqué d'urgence par Christophe dès le début de la représentation, le photographe de *Télévie* immortalisa ces instants privilégiés.

« Nous devons rentrer, dit Diane après avoir gratifié Frédéric d'un regard appuyé. Bravo à tous!
— C'était une soirée magique », assura Florence Farnèse.

Dehors, les deux femmes durent signer quelques

autographes puis partirent à la recherche d'un taxi.

« Elles ont de la chance, disait Monelle, un brin mélancolique.

— Elles sont restées simples, renchérissait Lucie.

— Aussi simples que toi! » lui lança Diégo, moqueur.

On troqua son costume de scène contre des vêtements plus ordinaires avant d'émigrer vers *La Consigne*.

« Je vous abandonne, annonça Frédéric. J'ai rendez-vous avec Albert Samson.

— Il n'y a pas de quoi se vanter! » dit Diégo.

D'un pincement au bras, Frédéric sut faire comprendre à Christophe que la vérité était autre puis il embrassa Lucie, Monelle et Marion.

« Tu m'appelles demain? chuchota-t-il à cette dernière parce qu'il avait un peu mauvaise conscience.

— Oui. »

Au café, les membres de la troupe se réjouirent pour Frédéric, pourtant l'amertume plus que la jalousie flottait au-dessus du petit groupe.

« Tu as le moral, ce soir? s'informa discrètement Diégo auprès de Christophe.

— Oui. Tu as vraiment été sympa, hier.

— Tu aurais fait la même chose pour moi, non? Et qui sait, si, un triste jour, tu n'auras pas à le faire? »

Le photographe de *Télévie* s'empressait auprès de Monelle et proposait de la reconduire chez elle.

« *Y'a d'la rumba dans l'air* », chantonna Diégo.

Venu chercher sa femme, Guillaume nota aussitôt que la troupe n'était pas au complet et ironisa à l'intention de Marion et de Christophe :

« Deux veuves!

— Il faut rire? » répliqua Marion qui avait remarqué, dans la loge, le regard lancé par Diane Dubail à Frédéric et se perdait en conjectures sur sa véritable signification.

Dans la voiture, mis au courant des projets cinématographiques de Frédéric, Guillaume prédit :

« Il va vous laisser choir!

— Pourquoi? Frédéric peut parfaitement tourner pendant la journée et jouer au théâtre le soir, répliqua Marion avec une note de défi dans la voix.

— C'est vrai qu'il a une tête à mener deux affaires de front! »

A la même minute, au 148 de la rue de Grenelle, Frédéric sonnait à l'unique et large porte du septième étage.

Diane Dubail apparut en tenue de training, rayée rose et gris, et lui tendit ses lèvres.

« Je pensais que tu viendrais au théâtre avec un type, dit Frédéric en franchissant le seuil de la porte.

— Moi aussi! Mais après la projection des rushes et la décision prise à l'unanimité de t'offrir tes galons de star, Florence qui était au courant de mes projets a absolument voulu s'y associer. Ce qui m'a finalement bien arrangée! »

Bras dessus, bras dessous, Diane et Frédéric traversèrent cinq pièces qui n'étaient ni éclairées ni meublées pour aboutir à une chambre où voisinaient un minimum de confort et un épouvantable fouillis – robes, plantes vertes, manuscrits et photos.

« Je n'aime pas cet appart que j'ai acheté parce que c'était soi-disant un excellent placement, racontait Diane. En fait, j'ai toujours habité l'hôtel et je préfère cette solution. Je vais donc vendre! Tu bois quelque chose? »

En guise de réponse, Frédéric renversa Diane sur

le lit et entreprit de la dépouiller de son survêtement sous lequel elle était nue. Pour pimenter le jeu, Diane lui opposa une résistance dont elle fut victime car, très excité et incapable de se maîtriser, Frédéric atteignit trop vite le sommet du plaisir, laissant sa partenaire insatisfaite.

« C'est toujours mieux la seconde fois, dit-il en haletant.

— C'est un bon titre! concéda Diane, boudeuse pour rire. Mais aussi une fausse promesse, peut-être? »

Il y eut une seconde fois et Diane poussa quelques beaux cris qui prouvaient d'éloquente façon que Frédéric n'était pas un vantard.

Ils reparlèrent naturellement assez vite de *La mort n'a pas de faux cils*.

« Tu joues du piano? s'informa Diane.

— Non.

— Alors, il te faudra prendre quelques cours avec un professeur, juste de quoi pouvoir donner le change.

— Est-ce que je dois conduire une voiture? Parce que là aussi, j'ai un manque!

— Ben dis donc, tu ne vas pas t'ennuyer durant ces prochaines semaines!

— Et mon théâtre?

— Nous tournons huit jours à Paris et un mois à Cannes et à Nice, aux studios de la Victorine. Tu devras donc te faire remplacer. Ça t'embête?

— Oui.

— Voilà pourquoi tu me plais! On te propulse au firmament des stars et tu renâcles à quitter tes copains...

— Ma véritable famille.

— Mais ta famille s'est brusquement agrandie, non? » répliqua Diane en embrassant Frédéric dans le cou.

*

Le lendemain, Diane présenta Frédéric à son agent. Herbert Vandair était un quadragénaire élégant et distant qui accepta de s'occuper des intérêts du futur interprète de *La mort n'a pas de faux cils*. A des riens, des regards, des intonations, des silences, Frédéric se douta que Vandair était l'amant de Diane. Ce que la jeune femme lui confirma le plus naturellement du monde quand ils redescendirent les Champs-Elysées :

« Je lui dois énormément... mais il est marié et père de famille.

– Il te croit fidèle ?

– Il tient suffisamment à moi pour ne pas se montrer trop indiscret, trop tyrannique... mais je serais navrée de lui faire de la peine. »

Nouveau rendez-vous, avec Albert Samson, celui-là. Tapi dans son bureau-boudoir tapissé de portraits d'adolescents signés de noms célèbres, le producteur annonça à Frédéric qu'il devrait prendre très vite des leçons de piano et de conduite, ce que le comédien savait déjà.

« Qu'importe si vous obtenez ou non votre permis. L'essentiel est que vous fassiez illusion devant la caméra. Comment votre charmant petit ami réagit-il à toutes ces nouveautés ? » ajouta Samson par pure méchanceté parce que flairant l'idylle naissante entre Frédéric et Diane.

Frédéric ne se démonta nullement :

« Il aura plus peur de me voir tenir un volant que sur un écran ! »

« Tu as un petit ami ? s'informa Diane, plus tard, quand elle se retrouva seule avec Frédéric. Je te préviens tout de suite qu'il en faut bien davantage pour me choquer ! »

Riant aux éclats, Frédéric lui conta par le menu les inventions de Marion – « C'est ta partenaire, celle qui joue ta femme dans la pièce? Elle est belle », convint Diane – et leurs conséquences inattendues.

« Il y a là un formidable sujet de film », conclut Diane.

Cette réflexion frappa Frédéric : il eut l'intuition qu'une telle histoire – ou, tout au moins, un tel point de départ – séduirait plus Samson que les avatars de deux rescapés de la guerre d'Algérie. « Il faut que j'en parle à Christophe! »

Diane lui tendit un papier sur lequel elle avait noté le nom et l'adresse de Georges Levasseur, un professeur de piano dont la spécialité était de métamorphoser, en quelques séances, des vedettes de l'écran en virtuoses. Et aussi le nom et le numéro de téléphone de Jean Tressard.

« Tu vas d'abord t'inscrire chez Levasseur – aux frais de Samson, bien sûr – puis dans une auto-école. Et enfin, tu appelles Jean Tressard, notre metteur en scène. Moi, je file, j'ai un cours de chant! »

Frédéric protesta :

« Mais c'est une vie de bagnard!

– ... qui continuera si ta prestation – un mot de Florence! – remporte tous les suffrages! »

Et comme Frédéric grimaçait, la jeune femme sourit :

« ... tu es capable de souhaiter que le film se ramasse pour retrouver ta tranquillité! Mais tu sais que ça peut arriver? » dit-elle plus sérieusement en croisant ostensiblement les doigts.

Frédéric découvrit ainsi que Diane était superstitieuse.

« On se voit demain soir? demanda-t-elle encore,

sous-entendant par là – et Frédéric ne s'y trompa pas – qu'elle dînait avec Herbert Vandair.

– D'accord. »

Diane s'éclipsa. Frédéric rencontra donc Georges Levasseur, un vieil homme délicieux, un peu lunaire et ils tentèrent de faire coïncider leur emploi du temps.

« Pour l'auto-école, je verrai demain! » Frédéric prit un taxi qui le conduisit rue de Mogador mais Christophe n'était déjà plus à *Télévie*.

Frédéric se demanda alors s'il devait vraiment se réjouir de ce qui lui arrivait. « Quand je pense à tout ce que donneraient Marion, Alex, Pierrot ou Monelle pour être à ma place... » Oui, tout bien réfléchi, Frédéric était plus content d'être devenu l'amant de Diane que de devoir bientôt l'aimer sous les projecteurs.

Il marcha jusqu'au boulevard des Capucines et entra dans un cinéma qui affichait *Ma vie est à moi!* dont la vedette n'était autre que Diane Dubail. Dans cette comédie douce-amère, il jugea que Diane – superbement photographiée – se tirait mieux des scènes dramatiques que des séquences cocasses mais il partit avant la fin pour être à l'heure à *La Consigne*.

« Je t'ai appelé cinquante fois, lui murmura Marion sur un ton de reproche quand il l'embrassa.

– Si tu crois que je me suis amusé!

– Et Diane Dubail?

– Super-sympa », dit Frédéric en détournant les yeux.

Monelle et Lucie désamorcèrent la querelle qui s'ébauchait :

« Raconte, raconte, les stars, les contrats, les paillettes! »

Frédéric énuméra les différentes activités auxquelles il allait devoir se livrer mais ne retrouva sa bonne humeur que lorsque apparut Christophe avec lequel il s'isola. Pour le jeune homme, il se répéta mais, saisi d'un étrange accès de pudeur, il ne s'appesantit pas sur sa nuit avec Diane.

Christophe avait apporté les photographies, prises la veille, de Florence Farnèse et de Diane Dubail encadrant Frédéric. Les clichés circulèrent de main en main.

« C'est marrant, avoua Frédéric, je n'arrive pas à croire que c'est moi, là, entre ces deux monuments du cinéma...

– Entre une ruine et un faux travlo! lança Diégo.

– Misogyne, sale misogyne! » glapit Lucie, à la limite de l'hystérie.

Elle éclata en sanglots sans émouvoir personne car elle était coutumière de ce genre de petite crise.

*

Au cours des jours qui suivirent, Frédéric fut extrêmement occupé. Leçons de piano, leçons de conduite – il devait aussi chanter dans le film mais on décida vite de le doubler! – entretiens avec Herbert Vandair, Albert Samson et Jean Tressard, un homme enthousiaste, bien que vieux routier du spectacle, qui lui prédit une fabuleuse carrière. Il dut encore poser pour des photographes et perdre de longues heures chez le costumier chargé de composer la garde-robe de son personnage.

Son nom parut pour la première fois le 12 février dans *Le Temps de Paris* et dans *Cinématographe*, naturellement associé à celui de Florence Farnèse et de Diane Dubail.

Il vit très peu Marion – ils se disputèrent plus

qu'ils ne s'aimèrent durant les deux après-midi qu'ils passèrent ensemble rue du Cardinal-Lemoine – et beaucoup Diane, surtout les soirs où Herbert Vandair était retenu loin d'elle par des obligations familiales ou professionnelles. Avec Diane, il n'était pas question d'amour, ce qui simplifiait heureusement les rapports et incita Frédéric, ennemi des scènes, à négliger Marion qui devenait ombrageuse et jalouse.

Christophe souffrait, lui aussi, parce qu'après la représentation, Frédéric filait un soir sur deux rue de Grenelle.

Frédéric proposa d'écrire un nouveau scénario en prenant comme point de départ le mensonge de Marion, mais à l'air incrédule et navré de son ami, il en déduisit que le week-end à Montfort-l'Amaury avait été pour lui une épouvantable corvée et que de l'exploiter à des fins cinématographiques en serait une plus grande encore. Il renonça à ce projet.

Parce qu'il ne supportait pas d'être délaissé par Frédéric, Christophe préféra s'en éloigner momentanément. Il lui restait quelques jours de congé à prendre. Il retourna donc à Châtignes, une petite ville d'Eure-et-Loir, où il était né et où il avait grandi sans présence masculine à ses côtés puisqu'il était fils unique et qu'il avait quatre ans quand son père était mort. Femme élégante et sèche, qu'il n'avait jamais vu rire, sa mère l'accueillit avec étonnement et froideur. Ayant largement de quoi vivre sans travailler, elle se consacrait aux bonnes œuvres avec une ardeur suspecte et faisait la charité avec ostentation. Donner, d'accord, mais que cela se sache!

Chez les Aubry, le silence était de règle et dès qu'il eut franchi la porte de la maison aux allures de musée, Christophe admit qu'il était masochiste pour avoir choisi de renouer avec l'atmosphère pesante, étouffante même, de son adolescence.

Seule consolation : Anne Delbret, sa douce amie d'enfance, qui habitait à quelques mètres de là. Amoureuse de Christophe depuis l'école maternelle, elle attendait son heure et l'entendait souvent sonner dans ses rêves.

Fraîche et spontanée, Anne s'habillait simplement et se maquillait à peine. Elle peignait des tableaux qui lui ressemblaient – peinture naïve mais sans mièvrerie – et ne s'indignait pas à l'idée que sa renommée ne dépassait pas les limites du département.

Anne à son bras, Christophe parcourut la campagne. Ils se réchauffèrent au feu des souvenirs et, peu à peu, Christophe vit le monde avec les yeux de la jeune fille. Un monde où Frédéric n'existait pas.

Anne s'interdit de rappeler à Christophe les serments échangés autrefois sous les marronniers du Mail – ne jamais se quitter, tout partager – mais les grands arbres parlèrent à sa place. Et, à sa manière, Mme Aubry défia son fils.

« Tu fréquentes toujours la petite Delbret ? lui lança-t-elle, un soir, au dîner.

— Oui. Et je vais probablement l'épouser, annonça Christophe sans réfléchir.

— J'espère que vous ne ferez pas d'enfant ! » répliqua sa mère, la voix égale, et pour tout commentaire.

Des enfants ? Christophe y pensait justement. Et avec plaisir.

Le lendemain, il pleuvait sur Châtignes. Partis en promenade, Anne et Christophe durent se réfugier dans une grange abandonnée. Elle était blottie tout contre lui, ruisselante de pluie. Attendri, il crut le bonheur à la portée de sa main.

« C'est stupide de vivre séparés, dit-il.
— J'en souffre autant que toi...
— Marions-nous!
— Marions-nous », répéta Anne, au bord de l'évanouissement.

Un chaste baiser les rajeunit brusquement de dix années.

Pressentant qu'il regretterait vite de s'être ainsi engagé, Christophe brusqua les événements afin d'en être le prisonnier. Ce même jour, il alla demander la main d'Anne à M. et à Mme Delbret, qui versèrent une larme. On parla de la publication des bans.

« Je suis un ami du maire, dit M. Delbret. Je me charge de toutes les formalités... qui devraient être accélérées du fait que vous êtes tous deux natifs de Châtignes! »

Informée, Mme Aubry annonça, l'œil fixe :
« Je mettrai du noir.
— Ce n'est pas un enterrement! répliqua Christophe.
— En es-tu bien sûr? »

Il répondit à cette question par un haussement d'épaules mais, plus tard, une fois couché, elle prit une dimension qui lui avait échappé sur le moment et Christophe en voulut à sa mère de sa franchise et de sa clairvoyance.

« Je rendrai Anne heureuse... malgré maman, malgré Frédéric et malgré moi! »

Avant de s'endormir, Christophe se demanda encore ce qu'Anne devait exactement à Marion.

*

Les vacances étaient terminées. Anne accompagna naturellement Christophe à la gare.

« J'ai une idée pour notre voyage de noces, lui

dit-il, conscient de lui faire déjà du mal mais ne pouvant s'en empêcher.

– Quelle idée?
– C'est une surprise! »

Le train arrivait. Anne embrassa Christophe sur les joues, sachant qu'il n'aimait pas les effusions en public. Il grimpa dans son compartiment, agita une main derrière la vitre.

« Une scène de film », pensa-t-il, pas plus ému que s'il assistait à la projection d'une banale « dramatique » de télévision.

A Paris, le souvenir d'Anne n'encombra guère Christophe qui n'eut plus que Frédéric en tête.

18 h 45. La rue du Cardinal-Lemoine n'était qu'à deux stations de métro de la gare d'Austerlitz. Mais Frédéric serait-il chez lui un lundi, jour de relâche du théâtre?

« Je pourrai toujours lui laisser un mot pour l'avertir de mon retour avant de courir à *La Consigne*... »

Christophe brûlait surtout de l'envie d'ébruiter la nouvelle de son prochain mariage uniquement dans l'espoir que, médusé et révélé à lui-même, Frédéric comprendrait enfin que ce qui le liait à Christophe n'était pas qu'une simple amitié.

Et si Frédéric se contentait de féliciter son ami et insistait pour être son témoin?

Alors, Anne aurait à nouveau toutes ses chances. Pauvre Anne! Et pauvres chances!

Rue du Cardinal-Lemoine, Christophe leva les yeux vers les fenêtres de Frédéric. Elles étaient éclairées.

Il grimpa quatre à quatre les trois étages et sonna. Et resonna. En vain. Mais il avait entendu gémir les lames du parquet, derrière la porte. Quelqu'un le regardait, là, par l'œilleton incrusté dans le panneau de bois, il en eut la certitude.

« Frédéric ? Frédéric... »

Frédéric était-il avec Marion... ou avec Diane Dubail ? Dans l'un ou l'autre cas, il ne se gênerait certainement pas pour ouvrir ou, tout au moins, pour crier à Christophe qu'il le retrouverait une heure plus tard à *La Consigne* ou ailleurs.

« Frédéric ? »

Mal à l'aise et presque honteux, même, d'être épié sans pouvoir donner un nom à son observateur, Christophe rebroussa chemin. Une fois dehors, il constata que l'obscurité régnait au troisième étage de l'immeuble.

*

La Mercedes était garée dans une contre-allée du bois de Boulogne.

Au fur et à mesure que la nuit s'avançait et malgré le froid qui s'intensifiait, des amateurs de sensations fortes et des prostituées s'approchèrent, attirés par la lumière des phares. Ils jetèrent un coup d'œil à l'intérieur de la voiture et distinguèrent un homme assis au volant, tassé sur lui-même et qui semblait dormir. Les plus hardis cognèrent contre la vitre afin de proposer des distractions gratuites ou tarifées. En pure perte.

Vers 23 h 20, la vieille Lily qui arpentait le bois chaque nuit depuis une quarantaine d'années et n'avait peur de rien décida de tenter l'aventure à son tour après avoir, au jugé, agrandi sa bouche à l'aide d'un bâton de rouge. Intriguée par cette forme écroulée, elle chercha dans son grand sac la torche électrique qui voisinait avec une bombe lacrymogène et un coup de poing américain et éclaira bientôt l'homme dont la chemise était tachée de sang. Il tenait un revolver dans sa main droite.

Suicide ? Règlement de comptes ? Assassinat ? Bien qu'ayant quelques amis dans la police, Lily jugea qu'elle avait plus à perdre qu'à gagner en signalant sa découverte. Les affaires n'étaient déjà pas si florissantes...

Lily éteignit sa lampe et, perchée sur ses talons trop hauts, elle s'éloigna, silhouette claudicante et pathétique, de la Mercedes devenue cercueil.

CHAPITRE V

Marion se réveilla en sursaut et, machinalement, tendit une main vers Guillaume... pour se rendre compte qu'il n'était pas allongé à côté d'elle. En un éclair, elle se souvint de la soirée passée à attendre son mari, de son étonnement...

La pendule électrique indiquait qu'il était 6 h 15. Guillaume avait-il voulu lui donner une leçon en découchant? Une leçon ou un avertissement? Avait-il eu un accident?

Ne pas s'affoler.

La veille, Marion avait regagné Montfort assez tard puisque son fils en était déjà au dessert.

« Papa ne rentre pas?

— Je crois qu'il dîne avec des amis... »

Jérôme s'était contenté de ce mensonge mais Adrienne avait tiqué. Difficile de lui dissimuler quelque chose à celle-là!

Jérôme avait regardé à la télévision une émission consacrée aux exploits du Commandant Cousteau dans l'Antarctique puis il était allé se coucher.

« C'était vraiment prévu, ce dîner de monsieur? avait demandé Adrienne en servant à Marion une salade d'avocats.

— Non. J'ai dit n'importe quoi. Monsieur a dû être

retenu à Paris par un problème de travail. Une grève, peut-être...

— C'est très à la mode, les grèves! » avait répliqué Adrienne.

« Ce qu'elle peut être exaspérante, parfois! » avait pensé Marion.

Sitôt la dernière bouchée avalée, Marion avait téléphoné à la boutique de la rue Récamier puis à l'atelier. Sans résultat. Elle hésitait à déranger Michel Zoller, l'associé de Guillaume, quand le téléphone avait sonné : Mme Chassagnes réclamait l'aide de son fils pour débrouiller une sombre histoire d'impôts locaux payés deux fois, prétendait-elle. Elle avait eu droit au même mensonge que Jérôme.

« Guillaume vous rappellera demain matin, Mamy. Promis. Je vous embrasse. »

Marion s'était à son tour installée devant la télévision, sautant d'une chaîne à l'autre, incapable de s'intéresser à ce puzzle d'images qu'elle confectionnait.

Elle avait pris quelques magazines et elle était montée dans sa chambre, plus furieuse qu'inquiète, certaine que Guillaume cherchait à lui donner un avant-goût de ce qu'elle aurait à subir si elle refusait d'abandonner son rôle dans *Un sucre ou deux?* Depuis une semaine, en effet, Guillaume se livrait à une nouvelle offensive contre la troupe d'Alex et plus particulièrement contre Frédéric. Il y avait eu des disputes, des rires insolents, des menaces qu'Adrienne n'avait pas pu ne pas entendre, des visages fermés, des gestes brusques ou maladroits qu'elle n'avait pas pu ne pas remarquer.

Un comprimé de *Dormonyl* avait permis à Marion de s'enfoncer dans un sommeil buté. Buté mais court!

6 h 25.

Où était Guillaume? Et où était Frédéric? Avec Diane Dubail?

Marion savait maintenant que Frédéric lui était infidèle et la jalousie ne la laissait pas une seconde en repos même si elle était intimement persuadée que cette liaison ne durerait que le temps du tournage du film qui l'avait fait naître.

Mais sa souffrance était telle qu'il lui venait des envies de tout saccager, de crier à Guillaume qu'elle était la maîtresse de Frédéric. Ce qui aurait été absurde et dangereux car, enfin, elle avait tout à perdre en avouant à son mari qu'elle le trompait – et se moquait de lui en supplément – au moment où son amant lui en préférait une autre!

6 h 30.

Devait-elle appeler les commissariats, les hôpitaux? Alerter sa belle-mère? Non, ç'eût été cruel. Et prématuré. Et puis, Marion avait beau imaginer le pire, elle ne pouvait y associer Guillaume, homme solide, organisé, conformiste.

Mais, tout bien réfléchi, serait-ce si absurde et si dangereux que de se confesser à Guillaume? Pour la première fois, Marion se risqua à envisager le divorce et en calcula les avantages et les inconvénients. Les avantages? Une liberté totale, celle d'aimer Frédéric au grand jour et aussi celle de pouvoir mener sa carrière à sa guise. A Paris, bien entendu. Les inconvénients? Devoir quitter Jérôme et réduire son train de vie... car Guillaume, et c'était normal, ne se montrerait pas généreux!

En ce qui concernait son fils qui s'éclipsait dès que le ton montait chez les Chassagnes, il n'était pas exclu qu'il conseillât à Marion de divorcer. Même s'il se doutait que ses problèmes professionnels se doublaient de problèmes sentimentaux. Jérôme n'était plus un bébé et il était très capable d'analyser, de comprendre la situation et de préférer des parents séparés à une famille en état de crise perpétuelle. L'important était que son environnement fût préservé, qu'il conserve ses copains, sa maison, sa grand-mère et puisse poursuivre ses études dans les meilleures conditions. Tous comptes faits, peut-être verrait-il plus sa mère et en profiterait-il davantage en la retrouvant tous les week-ends qu'en l'apercevant chaque soir en coup de vent!

Durant quelques instants, Marion s'accorda le plaisir de se projeter dans un futur qu'elle enjoliva au maximum. Et elle en arriva presque à excuser Frédéric : n'avait-il pas surtout été séduit par Diane Dubail parce que la célèbre comédienne était plus disponible qu'elle ?

Libre, Marion n'aurait aucun mal à le reconquérir.

Oui, elle avait l'âge de tout recommencer!

Mais à sept heures, Marion pensa qu'il lui faudrait d'abord dénicher un appartement. Pas trop exigu et dans un quartier agréable... pas facile, d'autant que Guillaume refuserait de lui prêter de l'argent ou de lui servir de caution. Un Guillaume fou de rage s'il apprenait que Marion s'affichait avec Frédéric, réalisant enfin que Frédéric et Christophe l'avaient berné en jouant au petit ménage. Peut-être leur casserait-il la figure?

Difficultés d'argent, deux-pièces sur cour, manque de contrat, coups et blessures, le rêve doré virait insidieusement au gris foncé...

A 7 h 15, Marion n'était plus du tout certaine de vouloir divorcer.

A 7 h 30, elle entendit une voiture s'arrêter devant la maison. Guillaume se décidait enfin à rentrer! Elle ferma les yeux, désireuse de lui faire croire qu'elle dormait paisiblement.

On frappait à la porte. Adrienne pénétra dans la chambre sans y avoir été invitée :

« Madame, madame, réveillez-vous; c'est la police! »

*

La cinquantaine fripée, le cheveu rare, les yeux cernés à outrance et la lèvre inférieure gonflée de scepticisme, semblant être revenu de tout et ne rien aimer, l'inspecteur Fréjoul avait cependant une passion : le théâtre. Il connaissait mieux les noms des acteurs de premier, de second et même de troisième plan, que ceux des criminels qu'il avait arrêtés en vingt-cinq ans de bons et loyaux services. Aussi, quand il reçut Marion Mounier, épouse Chassagnes, dans son bureau du quai des Orfèvres, tint-il à lui faire savoir que sa carrière n'avait pour lui aucun secret et qu'il l'avait applaudie en septembre dans *Un sucre ou deux?* Il essayait, en rendant hommage à la comédienne, de ramener l'ombre d'un sourire sur le visage de la femme qui paraissait frappée par la foudre.

Le sourire fut mécanique et bref.

« Je vous dis tout de suite, madame Chassagnes, que nous ne croyons pas au suicide...

— Mais moi non plus! coupa Marion. Guillaume n'était pas homme à se supprimer. Au contraire!

— Au contraire?

— Je veux dire qu'il était... Mon Dieu, parler de lui à l'imparfait, c'est insensé!... qu'il était débordant de vie, de force, d'idées, de projets.

— Il est évident que ce revolver placé dans sa main droite relève d'une grossière mise en scène... d'autant qu'il n'y a aucune trace de poudre sur les doigts. Avait-il un permis de port d'arme?

— Oui. Il en avait fait la demande il y a quatre ans,

quand nous avons été cambriolés. Nous habitons une maison isolée...

– Et cette arme?

– La dernière fois que je l'ai vue...

– C'était quand?

– Six ou huit mois, je ne sais plus... elle était dans la boîte à gants de la voiture.

– L'assassin devait être au courant...

– L'assassin! s'exclama Marion comme si elle avait entendu une incongruité.

– Le meurtrier? » hasarda le policier.

L'inspecteur Fréjoul ménagea une pause dont son interlocutrice avait, selon lui, besoin.

« M. Chassagnes avait-il des ennuis? lança-t-il au bout d'un moment.

– Non, pas à ma connaissance.

– Et l'ambiance familiale... commença prudemment Fréjoul.

– Epouvantable ces dernières semaines, répliqua Marion sans hésiter. Guillaume et moi ne cessions pas de nous disputer.

– A quel sujet?

– Mais mon métier! Mon mari détestait tout ce qui avait trait au théâtre; il méprisait la troupe à laquelle j'appartiens, il détestait les pièces que je joue. Ah! si j'avais été célèbre, si j'interprétais Anouilh ou Cocteau au Palais-Royal, si je tournais avec Chabrol ou Polanski, nos rapports auraient été meilleurs... »

Marion qui s'était enflammée se calma brusquement :

« Mis à part ce petit point de friction, nous nous entendions parfaitement. Je n'ai donc pas tué mon mari, monsieur l'inspecteur!

– Pas de problème d'ordre sentimental?

– De mon côté ou du sien?

– Des deux...

— Je n'ai pas d'amant. Et Guillaume... quelques aventures d'un soir du style secrétaire ou mannequin. Je le suppose sans avoir de preuve, ajouta Marion dans un souci d'honnêteté. Mais rien d'important, j'en suis certaine. Pour mon mari, foyer et vie familiale n'étaient pas des mots vides de sens. Et n'oubliez pas que nous avons un fils de treize ans.

— Puis-je vous demander...

— Ce que j'ai fait hier après-midi? Naturellement. Je suis venue à Paris par mes propres moyens, c'est-à-dire par le train. Shopping, courses et cinéma à la séance de seize heures... »

Marion donna le titre d'un film qu'elle avait vu cinq jours plus tôt.

« ... puis retour à Montfort, toujours par le train. Je me suis mise en retard. Exprès. Pour contrarier Guillaume.

— Et vous êtes arrivée chez vous...

— 20 h 15, 20 h 20. Jérôme finissait de dîner.

— Et de la gare à votre maison?

— Un taxi. Le chauffeur pourra témoigner, précisa Marion sans acrimonie. A quelle heure situez-vous le... »

Elle ne put en dire plus. Le policier eut une moue qui l'enlaidit :

« D'après les premières constatations... entre 18 h 30 et 19 h 30.

— Comme si cela changeait quelque chose! murmura-t-elle. Ce qui me navre, voyez-vous, c'est que Guillaume soit mort sans que nous nous soyons réconciliés. Nous n'en étions plus aux injures mais aux silences! »

Sensible au charme de la jeune femme, l'inspecteur Fréjoul ne doutait pas qu'elle disait vrai en ce qui concernait ses rapports tendus avec son mari — elle pouvait d'ailleurs difficilement les édulcorer étant donné que leurs querelles avaient très certainement eu des témoins – mais, vieux renard, il savait aussi qu'accumuler des vérités était souvent la meilleure façon de mentir ou plutôt d'enfouir le détail capital qui éclairerait différemment cette avalanche de révélations.

De son côté, Marion se demandait – sans le regretter – pourquoi elle avait spontanément affirmé être une épouse fidèle... Mais la réponse coulait de source : parce que c'était vrai! En ce moment, elle n'avait pas d'amant puisque Frédéric la délaissait...

L'inspecteur Fréjoul reprit son interrogatoire et s'intéressa plus spécialement aux activités professionnelles de Guillaume et à Michel Zoller dont il nota les coordonnées.

« En quels termes étaient les deux hommes?
— Excellents. Je n'ai jamais entendu mon mari dénigrer son associé. »

La jeune femme se tut à nouveau, le regard perdu, ne pensant pas à se plaindre d'une fatigue que trahissait son visage, à exiger qu'on cessât de la tourmenter. Par expérience, le policier n'ignorait pas qu'innocentes ou coupables toutes les personnes qui défilaient dans son bureau n'avaient qu'une hâte : en finir avec les formalités et les questions, quitter le quai des Orfèvres au plus vite. Et il interpréta plutôt favorablement cette passivité.

« Il me faudra faire fouiller votre maison...
— Quand vous voudrez. J'ai envoyé mon fils chez ma belle-mère. Je ne sais pas lequel a le plus besoin de l'autre. Si! continua Marion, après réflexion. Je pense que Jérôme s'en sortira mieux que ma belle-mère qui adorait son fils...
— Et vous? demanda l'inspecteur d'un ton exagérément neutre.
— Moi? Difficile à dire. Je suis... choquée. Comme si j'étais victime d'une horrible farce. Mais je jouerai

ce soir, annonça-t-elle, devinant que le policier attendait cette précision. Ce soir, demain, tous les jours. Oh! il ne s'agit pas seulement de se conformer au traditionnel *The show must go on* mais de m'occuper... et d'oublier, ne serait-ce que le temps de la représentation.

– Je comprends. Et vous ne soupçonnez personne? Dans votre entourage immédiat, dans votre famille, parmi vos amis comédiens?

– La troupe? répliqua Marion avec, pour la première fois depuis le début de l'entretien, une note amusée dans la voix. Tous mes camarades détestaient cordialement mon mari parce qu'ils se savaient méprisés. Entre eux et lui, c'était la guerre ouverte. Mais je ne pense pas qu'il y ait là une piste sérieuse! Pourquoi le bois de Boulogne? poursuivit-elle tout à trac.

– C'est sur le chemin de Montfort. On peut aussi imaginer... une mauvaise rencontre...

– ... de mauvaises habitudes? traduisit Marion. Non, vraiment, ce n'était pas du tout le genre de Guillaume. On m'a d'ailleurs dit qu'on avait retrouvé sur lui une grosse somme d'argent. Je suppose que ce n'aurait pas été le cas si Guillaume avait été attiré dans un sordide guet-apens...

– En effet. Vous semblez épuisée, madame Chassagnes. Nous reprendrons cette conversation plus tard. Demain à Monfort, par exemple.

– Oui. »

Elle disait oui mais demeurait prostrée. Etait-elle déçue par les prémices d'une enquête qui s'annonçait difficile? Déçue ou indignée? Non, indignée, elle eût été plus agressive.

« Si quelque chose d'étrange, de bizarre, vous revenait en mémoire – un détail, une phrase, un nom – n'hésitez pas à m'appeler. Vous avez là le numéro de téléphone de mon bureau et mon numéro personnel, signala le policier en remettant à Marion une petite carte sur laquelle il avait tracé deux séries de chiffres.

– Merci », dit Marion dont la main seule bougea pour glisser la carte dans son sac.

En désespoir de cause, l'inspecteur Fréjoul se leva pour signifier clairement à son interlocutrice qu'elle pouvait prendre congé. Marion saisit enfin l'allusion.

Dehors, il lui suffit de traverser le pont Saint-Michel pour gagner la rue de la Harpe. De *La Consigne*, elle téléphona à sa belle-mère pour la réconforter, lui donner des raisons de vivre :

« C'est Jérôme qui compte, Jérôme qu'il faut protéger. Ne pleurez pas devant lui, Mamy... Essayez tout de même. Je vous téléphonerai dès que je serai rentrée.

– Vous n'en avez pas encore fini avec la police?

– Si, mais il y a le spectacle.

– Comment? Vous allez jouer? répliqua la voix de la vieille dame, teintée de reproche et d'étonnement.

– Je ne peux pas abandonner mes camarades, Mamy. Je n'en ai pas le droit. Et puis, jouer, c'est ma façon à moi de rester debout.

– Très bien », soupira Mme Chassagnes.

Marion attendit que la troupe fût au complet pour annoncer la mort tragique de son mari. Saisis de stupeur, ses amis la regardèrent sans penser à la plaindre et encore moins à regretter le disparu. Frédéric voulut lui prendre la main mais, le devançant, Marion se mit hors de sa portée. Ses traits tirés et la tache mauve qui étoilait son cou indiquaient assez comment – et avec qui – il avait passé l'après-midi. Bien qu'effondrée, Marion était toujours jalouse.

101

« Que vas-tu faire? lui demanda enfin Diégo.
– Me maquiller et me changer », répliqua-t-elle d'un ton net.

Tout le monde comprit et approuva.

Frédéric retint Christophe dans la salle du café alors que les autres étaient déjà sur le trottoir.

« Où te trouvais-tu hier à l'heure du... à « l'heure du crime », puisque c'est l'expression consacrée!
– Je descendais du train.
– A Austerlitz? A quelle heure exactement?
– 18 h 45.
– Peux-tu me rendre un service?
– Bien sûr.
– Il est possible que la police m'interroge, si elle finit par apprendre que Marion et moi... Bref, hier après-midi, j'étais avec Diane. Et elle n'aimerait pas que la chose s'officialise ou, plutôt, qu'elle vienne aux oreilles de son jules attitré. Donc, si ça ne t'ennuie pas, je raconterai que je suis allé te chercher à la gare et que nous avons ensuite travaillé chez moi à notre scénario. D'accord?
– Oui. »

Le temps d'acquiescer et Christophe se souvint brusquement de son passage rue du Cardinal-Lemoine, la veille. Des fenêtres fugitivement éclairées, de sa certitude d'avoir été observé par l'œilleton. Pourquoi ne fut-il pas tenté d'en parler? Parce que ces révélations risquaient d'obliger Frédéric à se chercher un autre complice et que Christophe ne se voulait pas de rival même dans un mensonge? Ou parce qu'à cet instant précis, ne portant que le bas de son costume d'oiseau, Diégo pénétrait dans le café?

« Freddy, dépêche-toi, on va être à la bourre!
– Je suis ton homme! répliqua Frédéric.
– Je ne te demande pas l'impossible! » dit Diégo, gouailleur, en disparaissant.

N'ayant pas réussi à joindre Frédéric depuis son retour et bien que conscient que les circonstances ne se prêtaient pas à un aveu de cette importance, Christophe claironna enfin ce qu'il brûlait de lui dire :

« Je vais me marier!

— Avec qui? Tu ne connais personne! s'exclama Frédéric, stoppé dans son élan vers la porte restée ouverte.

— Une amie d'enfance. Elle habite Châtignes.

— Tu es con ou quoi? Personne ne se marie plus, aujourd'hui! est-ce que je me marie, moi?

— Freddy! » hurla Diégo, planté sur ses larges ergots, de l'autre côté de la rue.

Frédéric rejoignit l'homme-oiseau tandis que Christophe, déçu, tentait de décoder en sa faveur le langage tenu par son ami.

Tu es con ou quoi? Est-ce que je me marie, moi?

Contrarié, furieux, Frédéric l'était assurément. Mais, jaloux, hors de lui? Non.

Peut-être lui fallait-il un certain temps — le temps de la représentation? — pour bien assimiler la nouvelle et exploser?

Berçant ce fragile espoir, Christophe oublia complètement que Guillaume Chassagnes avait été assassiné. Et l'idée ne l'effleura même pas que le service qu'il avait accepté de rendre à Frédéric équivalait en quelque sorte à le doter d'un alibi.

A la chute du rideau, à peine démaquillé, Frédéric administra à Christophe une grande claque dans le dos :

« Excuse-moi pour tout à l'heure. Et marie-toi si tu en as envie! J'espère qu'elle est sympa, ta promise? »

103

*

Michel Zoller était l'une de ces personnes que l'on ne remarque pas et dont les traits refusaient obstinément de s'inscrire avec précision dans les mémoires. Ni maigre, ni gros, taille moyenne, nez moyen, Michel Zoller s'était pourtant laissé pousser les cheveux et une fine moustache, ressentant probablement le besoin d'accrocher, de retenir l'attention par les moyens mis à sa disposition par la nature. Peine perdue! Flou, il était; flou, il restait.

Très affecté par l'horrible fin de son associé, Michel Zoller s'autorisa à embrasser Marion pour la première fois de sa vie dans les bureaux de la société *Clélia*, situés juste au-dessus de la boutique. Il avait, en effet, le matin même, prié la jeune femme de venir rue Récamier. Après lui avoir confié qu'il avait été très longuement entendu par la police (« Ce qui me semble tout à fait normal dans de telles circonstances... ») et révélé qu'au moment du drame, il supervisait les devoirs de ses trois jeunes enfants, Michel Zoller aborda enfin le sujet qui lui tenait au cœur :

« Etes-vous au courant de la disparition du fichier?

— Le fichier? Quel fichier? »

Du bout des doigts, Zoller caressa nerveusement les poils de sa moustache comme pour se prouver qu'il en avait une :

« *La Joie de Lire*, vous connaissez?

— Oui. C'est une sorte de... de club qui vend des livres par correspondance?

— Exactement.

— J'ai vu la publicité dans des magazines. Et alors?

— L'un de mes camarades de collège qui y travaillait depuis vingt ans et qui a donné à la boîte le meilleur de lui-même a été licencié comme un vulgaire manutentionnaire. Compression de personnel! ajouta Zoller avec un haussement de sourcils destiné à souligner la dureté des hommes et des temps. Révolté, et on le serait à moins, il a fait une photocopie du fichier « clients » et nous l'a proposé.

– Quel rapport avec *Clélia*?

– Guillaume ne vous a pas dit que nous mettions sur pied un système de vente par correspondance?

– Non... mais je comprends maintenant l'intérêt du fichier en question.

– Nous l'avons payé 200000 francs. Cash!

– Et votre ami a essayé de vous escroquer? »

Zoller protesta en agitant ses doigts manucurés :

« Pas du tout. Il nous a remis le fichier jeudi en échange de l'argent. Et vendredi matin, nous nous sommes aperçus, Guillaume et moi, qu'il avait disparu.

– Quelqu'un de la maison? Une employée?

– Impossible. Nous avions pris toutes nos précautions pour que ces tractations restent secrètes. C'est un grand mystère, conclut Zoller en chatouillant sa moustache anémique.

– Ce n'est pas le seul! répliqua Marion.

– C'est vrai; pardon, dit Zoller, confus.

– La police, naturellement, ignore...

– ... tout. Enfin, tout ce qui concerne le fichier. Ce genre d'opération est complètement illégal.

– Croyez-vous que le vol et... et la mort de Guillaume soient liés?

– Difficile à dire. Mais la coïncidence est troublante.

– On ne tue pas un homme pour s'emparer de ce

genre de document... d'autant que le vol a eu lieu avant le crime.

— Et si Guillaume avait démasqué le voleur?

— Admettons-le. Réaction du voleur : il ne tue pas, il ricane puisqu'il sait, comme vous, comme Guillaume, que la police ne peut en aucun cas être prévenue!

— Vous avez raison, Marion, répliqua Zoller qui soupira : Je ne sais plus quoi penser... ni quoi faire, d'ailleurs! Moi, je ne suis qu'un gestionnaire. Sans Guillaume, *Clélia* n'existe plus!

— Quels étaient vos projets, dans l'immédiat?

— Nous devions... ou, plutôt, Guillaume devait choisir les modèles de la prochaine collection d'hiver puis préparer l'édition d'un catalogue dans le cadre de ce programme de vente par correspondance. Et aussi commander à *Télécran* une série de flashes destinés à la télévision pour promotionner notre griffe.

— Et si j'essayais de remplacer Guillaume? lança Marion. Après tout, dans le passé, il m'est arrivé de le conseiller, notamment pour des accessoires...

— Ce serait fantastique! »

Marion eut brusquement envie de s'intégrer à cet univers de travail, qui ne lui était pas étranger mais dans lequel elle avait jusqu'ici obstinément refusé d'entrer malgré les nombreuses sollicitations de son mari, se voulant une comédienne disponible vingt-quatre heures sur vingt-quatre. Disponible pour les contrats et la gloire! Pourquoi, aujourd'hui, changeait-elle d'avis et de camp? Parce qu'aucun metteur en scène de cinéma ou de télévision ne faisait appel à elle? Désirait-elle sauver Zoller et *Clélia*, assurer son avenir matériel et celui de son fils... ou alors s'occuper provisoirement, le temps que Frédéric tourne son film et se lasse de Diane Dubail?

Mieux valait ne pas trop s'interroger sur ses motivations profondes et se mettre à la tâche.

Marion examina attentivement les croquis de mode et les échantillons de tissu et opéra un premier choix en fonction de ses propres goûts, approuvée en tout par Michel Zoller.

Plus tard, Zoller lui présenta les photographies des mannequins sélectionnés pour représenter la cliente-type de *Clélia* à la télévision. Aucune candidate ne trouva grâce aux yeux de Marion. Sans doute inconsciemment, avait-elle déjà décidé, exauçant ainsi l'un des vœux de Guillaume, d'arborer elle-même au petit écran les vêtements qu'elle portait à la ville.

Fort tourmenté par la question du fichier, Zoller y revint et Marion donna son avis :

« Le voleur ne s'en est emparé que dans le but de nous le revendre. Il nous faut donc attendre qu'il dicte ses conditions.

– Les accepterons-nous?

– Tout dépendra du montant. Nous ferons nos comptes ! »

Cette succession de " nous " dans la bouche de Marion parut plus naturelle à Zoller qu'à la jeune femme qui s'était entendue parler. Jouait-elle à la femme d'affaires ou s'était-elle découvert une nouvelle vocation?

*

De par la volonté même de Marion, il y eut très peu de monde au cimetière. Michel Zoller, Adrienne et deux cousins habitant Paris accompagnèrent Guillaume à sa dernière demeure, marchant derrière Marion et Jérôme qui soutenaient Mme Chassagnes. Rappelant à sa belle-mère que Guillaume avait horreur du noir, Marion avait insisté pour qu'ils fussent tous les trois habillés de clair.

Cette entorse aux traditions et la discrétion de la cérémonie, assimilée à de la clandestinité, déchaînèrent les mauvaises langues de Montfort-l'Amaury et des environs.

« Elle, c'est une comédienne, alors vous pensez... » « Elle n'y est peut-être pour rien, mais... » : ces réticences, ces insinuations, Marion ne les entendit pas mais elle les lut dans les yeux des commerçants et de leurs clients. La réputation scandaleuse du bois de Boulogne alimentait aussi les rumeurs.

Mais quand Adrienne, indignée, lançait en guise de préambule :

« Les gens sont vraiment méchants... »

Marion l'interrompait d'un ton sans réplique :

« C'est leur droit, Adrienne ! »

Au cimetière, Marion s'était immédiatement aperçue de la présence de l'inspecteur Fréjoul bien que le policier se tînt à distance respectueuse du caveau des Chassagnes. Dotée d'une excellente vue, Adrienne avait donné un coup de coude à sa patronne en lui désignant Fréjoul d'un mouvement de menton assorti d'une grimace.

« Il ne s'imagine tout de même pas que l'assassin peut assister aux funérailles de sa victime ! » avait pensé Marion.

Le policier s'était finalement approché et lui avait serré la main en s'inclinant :

« Je vous attends dans mon bureau demain matin vers onze heures. »

Et à onze heures sonnantes, ce jeudi matin, Marion franchit à nouveau la porte du bureau du policier qui, cela lui sauta aux yeux, portait la même chemise bleu pâle que la veille et la même cravate en tricot noir, dont le nœud avait été fait, une fois pour toutes, dès mois auparavant. Elle nota aussi que le pantalon aurait eu bien besoin d'un coup de fer et les chaussures, d'une couche de cirage. Un vieux garçon! se dit-elle.

« Madame Chassagnes, vous m'avez menti...
— Ah! Oui? répliqua Marion, nullement impressionnée. Vous savez, ajouta-t-elle, machinalement, on ment souvent aux gens pour ne pas les attrister.
— Mais pas à la police, tout de même! s'exclama Fréjoul, comiquement effaré.
— Pourquoi faire une exception?
— Mais, enfin, c'est grave!
— Ce serait grave si j'étais coupable ou complice et comme ce n'est pas le cas. Soit, j'ai menti! Mais à quel sujet?
— Votre alibi.
— Mon alibi? Oui, c'est vrai.
— Et pourquoi m'avez-vous menti?
— Ne me dites pas que vous n'en avez pas une petite idée! »

Fréjoul ouvrit d'une main un classeur posé sur sa table de travail et en retira un feuillet dactylographié qu'il parcourut des yeux :

« J'ai là la déposition d'une Mme Zinelli, concierge 7 bis, rue du Cardinal-Lemoine... où habite M. Frédéric Renoir, votre partenaire. Mme Zinelli vous a vue entrer dans son immeuble le lundi 27 février à 18 h 15 et en ressortir une heure plus tard... »

Marion se souvint de la grosse femme blonde, trop frisée, perpétuellement à l'affût derrière sa cretonne ajourée. Frédéric disait en riant qu'elle était amoureuse de lui et qu'elle lui faisait la tête les jours où il recevait Marion.

« M. Renoir étant absent – selon sa concierge – il

faut croire que vous possédez une clef de son appartement, poursuivit le policier.

– Vous en déduisez donc...

– ... qu'il est votre amant.

– ... et que je ne voulais pas que ma belle-mère l'apprenne, surtout dans de telles circonstances.

– M. Renoir m'a également menti en prétendant qu'il était chez lui à dix-neuf heures en compagnie de M. Aubry. Comme a menti M. Aubry!

– Si nous vous avons tous menti et aussi légèrement, c'est que nous sommes tous innocents, lança Marion avec vivacité. La preuve : je peux vous confirmer que M. Aubry a bien sonné chez Frédéric Renoir ce lundi vers dix-neuf heures. Je l'ai vu par l'œilleton.

– Pourquoi ne pas lui avoir ouvert?

– Ce n'est pas lui que j'attendais!

– M. Aubry a effectivement fait allusion à son passage chez son ami... dans sa seconde déposition! Quant à M. Renoir...

– Il était chez Diane Dubail, je suppose!

– Vous supposez juste... et Mlle Dubail a ratifié! M. Renoir, lui, m'avait menti afin que l'amant officiel de Mlle Dubail – son imprésario – ignore qu'il était chez elle à l'heure où votre mari...

– M. Renoir est une nature chevaleresque! coupa Marion, acide.

– Si je me suis intéressé à son emploi du temps, et, par ricochet à celui de M. Aubry et au vôtre, c'est à cause des confidences de votre domestique.

– Adrienne?

– En fouillant votre maison, je lui ai posé quelques questions. Et j'ai ainsi découvert que vous m'aviez menti une seconde fois en affirmant qu'entre la troupe et votre mari, c'était la guerre ouverte – je vous cite!

– Mais c'est pourtant la vérité!

– Alors comment expliquez-vous que, lors d'un récent week-end, vous ayez invité M. Renoir et M. Aubry à Montfort-l'Amaury? »

Marion fut la proie d'une grande lassitude :

« Mon Dieu, dire qu'il va falloir que je vous raconte en détail nos manigances... et que vous n'en serez pas plus avancé pour autant.

– A moi d'en juger, si vous le permettez! »

Marion exposa donc les tenants et les aboutissants de la comédie dont elle était l'auteur, Frédéric et Christophe, les interprètes et Guillaume, le spectateur.

« Astucieux, admit le policier. Et votre mari a marché?

– Oui et non. Il était... perplexe. Sérieusement, monsieur l'inspecteur, pensez-vous que notre petit vaudeville ait un rapport quelconque avec la mort de Guillaume?

– Sait-on jamais.

– Mettez-vous en doute les témoignages de Mme Zinelli et de Diane Dubail?

– Absolument pas.

– Alors?

– Mon enquête n'est pas terminée! M'avez-vous encore caché quelque chose, madame Chassagnes? »

« Oui, le fichier! » faillit répondre Marion mais la crainte d'attirer des ennuis à Michel Zoller l'en dissuada.

« Non. J'ai menti pour ménager ma belle-mère. Et mon fils. C'est ma seule faute. Puis-je partir, maintenant?

– Vous êtes bien pressée, aujourd'hui!

– Je travaille.

– Vous répétez une nouvelle pièce?

– Non. J'essaie de succéder à mon mari chez

Clélia. Je suis toujours aussi malheureuse mais je ne m'ennuie plus. Du moins pendant la journée.

– Mais le soir, vous jouez?

– Je vais arrêter. Je suis trop fatiguée. On m'a trouvé une doublure. Frédéric lâche son rôle, lui aussi. J'ai l'impression qu'une page est en train de se tourner, ajouta Marion davantage pour elle-même que pour son interlocuteur.

– Mais vous n'avez pas l'intention d'abandonner le spectacle?

– Je vais bientôt faire de la télévision.

– Quel rôle?

– Mannequin! » annonça Marion sans donner plus de précision.

Au moment des adieux, l'inspecteur garda une seconde de trop la main de Marion dans la sienne.

« Madame Chassagnes, vous avez de la chance de m'être très sympathique...

– Ne croyez-vous pas que cette chance, je la mérite un peu? » répliqua Marion dont la voix trahissait la mélancolie.

CHAPITRE VI

Avant de gagner les studios de la Victorine à Nice, Paul Tressard tournait dans Paris avec une équipe réduite des scènes de rue. Le personnage que jouait Frédéric retrouvait par hasard un copain de bohême, fraîchement sorti de prison. Copain, qui, mis au courant de ses problèmes sentimentaux et financiers, allait lui proposer d'assassiner sa riche épouse, interprétée par Florence Farnèse.

Diane Dubail n'intervenait pas dans ces séquences mais elle assistait aux prises de vue pour encourager Frédéric qui n'avait d'ailleurs nullement besoin d'être épaulé. A l'aise devant la caméra comme sur les planches, ne connaissant pas le trac, il se conformait aux indications de Tressard : « Ton personnage a quelque chose de fatal; il porte une marque au départ. » Ce qui lui avait suffi pour camper son ex-pianiste de bar, tiraillé entre deux femmes et dont le destin ne pouvait être que tragique.

La présence de Diane assurait évidemment au tournage un maximum de publicité. *Le nouveau couple idéal du cinéma français* avait titré *Noir sur Blanc* avec, en couverture, Frédéric et Diane enlacés.

Entre les scènes, Frédéric mettait un point d'honneur à se comporter avec Diane comme il traitait Marion dans les coulisses du théâtre de la Harpe; ceci afin de ne pas gêner les amours de la jeune comédienne avec Herbert Vandair. L'imprésario était venu rendre visite à l'équipe afin de juger des qualités de son nouveau poulain. Il était reparti rassuré.

Christophe était là chaque jour. Il supportait de voir Frédéric en compagnie de Diane parce qu'il devinait que ce n'était pas l'amour qui les unissait mais une certaine complicité dans le plaisir. Un plaisir qui avait ses limites. Au moins dans le temps. Diane n'était pas dangereuse. Marion l'avait été et pouvait l'être encore. Christophe ne lui pardonnerait jamais de l'avoir éclairé sur la véritable nature des sentiments qu'il éprouvait pour Frédéric.

Avec Christophe, Frédéric avait souvent évoqué l'assassinat de Guillaume Chassagnes :

« Que faisait-il au bois de Boulogne? Marion affirme qu'il n'était pas homme à s'envoyer des putes... mais connaît-on vraiment les êtres dont on partage la vie? »

Christophe avait trouvé plus prudent de ne répondre que par une petite crispation de lèvres.

« Nous avons eu du pot de tomber sur un flic dingue de théâtre, avait poursuivi Frédéric. Car enfin, nous lui avons tous raconté des craques! Je lui ai d'ailleurs dit que pour un acteur, mentir, c'était de la déformation professionnelle! Tu sais ce qu'il avait imaginé?

– Non.

– Le trio infernal! Marion, toi et moi associés pour nous débarrasser d'un mari gênant. Et riche.

– C'est un peu l'histoire de ton film...

– A force de jouer des choses affreuses, elles finissent par vous arriver! »

On parlait aussi de la 150e d'*Un sucre ou deux?* qui

aurait lieu le 25 mars. Frédéric et Marion avaient promis d'être dans la salle : ce serait la première fois qu'ils verraient la pièce en tant que spectateurs et pourraient applaudir leur doublure.

On parla enfin du mariage de Christophe.

« La date est fixée?
– Le 16 avril.
– Merde! Je serai sur la Côte.
– J'ai prévu d'y passer notre voyage de noces, déclara Christophe.
– Formidable! On se verra tout le temps puisque la mer sera encore trop froide pour que vous puissiez vous baigner. Anne, c'est quel genre de fille? »

Comblé par ce « On se verra tout le temps », Christophe tenta, avec des mots, d'exprimer le charme discret, la douceur et la spontanéité de sa fiancée. Avec des mots attendris et une singulière absence de passion. Frédéric avait l'impression que Christophe lui traçait le portrait de sa meilleure amie ou d'une jeune sœur mais il ne se permit pas de le lui dire.

« Et elle est d'accord pour vivre à Paris avec toi? »

Et Christophe resta bouche bée. Il n'avait jamais abordé cette question importante, capitale même avec la jeune fille... mais, sans doute pour Anne, la chose allait-elle de soi? Quand Christophe pensait à son mariage, c'était toujours comme à un événement abstrait, une formalité vague et sans grande conséquence sur sa vie quotidienne. Un peu comme une image fixe à la fin d'un film, paralysant les héros et occultant leur avenir.

« Oui », répliqua-t-il sans aucune conviction.

Le soir même, il obtint Anne au bout du fil et osa aborder le sujet.

« Si nous nous marions, il serait peut-être plus

logique que nous habitions ensemble! répliqua la jeune fille avec une gaieté qui ne blessa pas Christophe car elle était dénuée de toute moquerie.

– Oui, mais, chez moi, nous serons à l'étroit...

– Si je venais à Paris, un week-end prochain? Nous pourrions chercher un appartement? Tu sais que l'argent n'est pas un problème... »

Christophe savait, en effet. Gens fortunés et généreux, les Delbret regrettaient que leur fille unique n'ait ni exigences ni caprices et ils espéraient bien qu'à l'occasion du mariage, Christophe les entraînerait dans toutes sortes de dépenses.

Anne arriva donc le samedi suivant. Christophe l'accueillit avec plaisir et lui montra son studio de la rue des Cordiers. Murs blancs, poutres apparentes, un minimum de meubles et un maximum de livres.

« Sympa mais beaucoup trop petit, estima la jeune fille. Il nous faut au moins quatre pièces. Un bureau pour toi, un atelier pour moi... un rez-de-chaussée avec un jardin, peut-être? »

Elle s'était amusée à dessiner des plans. Il les regarda comme on jette un coup d'œil distrait aux passants par la vitre d'une voiture.

Le soir, ils dînèrent dans un restaurant chinois puis se rendirent au cinéma. Ils retournèrent ensuite rue des Cordiers, se déshabillèrent et se couchèrent.

Christophe comprit alors qu'Anne était prête à s'abandonner – ce qui ne lui était pas venu à l'esprit jusqu'ici – et il se rendit compte qu'il ne la désirait pas. Il s'en expliqua tant bien que mal, pour ne pas laisser au silence et à la gêne le loisir de dresser leur muraille invisible mais incontournable :

« Anne, ne m'en veux pas... mais te retrouver ici, dans mon lit, je suis... décontenancé. Mais très heureux, je te le jure.

– Tu n'as pas à jurer, répliqua Anne, souriante.
– Il faut que tu sois patiente, que tu comprennes. J'ai toujours été si seul...
– Christophe, nous avons tout notre temps, toute la vie devant nous. Pourquoi se presser et risquer de nous décevoir mutuellement ? »

Elle l'embrassa sur le front. Apaisé, il s'endormit aussitôt tandis que, le croyant attentif, Anne murmurait avec une exaltation dont elle n'était pas coutumière :

« Ce qu'il faut, c'est ne rien se cacher. Jamais. Je ne supporterais pas que tu me mentes... même si c'était dans le but de me ménager, de me protéger. »

Elle prit le silence de Christophe pour de l'approbation et, jugeant avoir dit l'essentiel, ferma les yeux à son tour.

Quand Christophe se réveilla, Anne déposait sur le lit un plateau avec du café et des croissants chauds :

« Tu es descendue ?
– Oui. »

Christophe engloutit les croissants de bon appétit. Ils plaisantèrent, reconstituèrent leur jeune passé à coups de fous rires et de mots clefs. L'ombre reprit ses droits avec une question qu'Anne croyait anodine :

« Et ton ami Frédéric, quand me le présentes-tu ?
– Il tourne du côté d'Honfleur, prétendit Christophe.
– Dommage ! »

Facile de mentir mais pourquoi Christophe avait-il menti ? Pourquoi n'avait-il pas décroché son téléphone et appelé Frédéric ? Crainte qu'en les voyant ensemble, Anne ne surprenne sur le visage de Christophe une admiration, une avidité révélatrices ? Peur que Frédéric ne s'entiche de la jeune fille et ne l'inscrive à son palmarès ? Non, Frédéric ne se permettrait pas de séduire la fiancée de son ami... mais, dans cette situation, quelle serait la réaction de Christophe ? Ne serait-ce pas un moyen de se rapprocher encore de Frédéric que de pousser Anne dans ses bras ? Mais Anne, Anne qu'il traitait en quantité négligeable, Anne était amoureuse de lui et non de Frédéric ! Le jeune homme n'en poursuivit pas moins ses rêveries ambiguës : n'aurait-il pas envie d'Anne si elle était la maîtresse de son ami ?

« Il n'y a rien de très excitant, annonça, avec une moue, Anne plongée dans la lecture des petites annonces du *Figaro*. Peut-être ferions-nous mieux d'acheter ? Il faudra que je demande à mes parents de combien nous pouvons disposer... »

Ramené à un semblant de réalité, Christophe entama le dialogue. *Quartier, étage, ascenseur, terrasse* : Anne bâtissait le décor de son avenir et Christophe, un château de cartes.

Quand, le dimanche soir, le train emporta Anne vers Châtignes, Christophe se sentit l'âme d'un permissionnaire et appela Frédéric d'une cabine téléphonique. La ligne était occupée. Tout de même content parce que l'exaspérant petit bip-bip signifiait que Frédéric était chez lui, Christophe renouvela son appel. Deux fois, trois fois, dix fois. A la onzième, une sonnerie régulière triompha enfin du bip-bip mais personne ne répondit.

*

Ce dimanche, avant de retrouver Diane pour dîner, Frédéric téléphona à Marion vers dix-neuf heures avec un œil sur son poste de télévision dont il avait baissé le son. Invitée par Antenne 2, Diane devait, en effet, remettre un chèque au candidat-vainqueur de *Tableau d'honneur*, une émission de jeux très populaire et diffusée en direct.

« Marion? C'est Frédéric. Je ne te dérange pas?
– Non. Je suis dans ma chambre.
– Je voulais avoir de tes nouvelles...
– C'est gentil, répondit Marion avec un drôle de petit rire. Mais c'est aussi... bizarre!
– Bizarre? Pourquoi?
– Si tu veux avoir de mes nouvelles, c'est que tu n'en as pas et si tu n'en as pas, c'est que nous ne nous voyons plus. Oh! ce n'est pas un reproche, se hâta d'ajouter Marion. Nous ne nous voyons plus parce que tu n'en as pas envie et que, contrairement à ce que tout le monde pourrait croire, je suis beaucoup moins disponible qu'avant. »

Frédéric refusait d'évoquer cet « avant » que Marion rêvait peut-être d'actualiser.

« Tout cela ne me dit pas...
– Comment je vais? Je vais!
– Et Jérôme?
– Il mène, en apparence, une vie normale. Et ne parle pas de son père.
– Cela t'inquiète?
– Pas vraiment. Ma belle-mère habite avec nous. Provisoirement. Jérôme s'occupe d'elle. Il joue aux cartes – lui qui déteste ça! Il exige qu'elle lui tricote un pull dont il n'a aucun besoin. Adrienne bougonne un peu mais c'est sa façon de participer. Tu as un tableau complet de la famille!
– Mais toi, toi?
– Je suis toute la journée rue Récamier. J'y prends d'ailleurs plaisir. *Clélia* est une affaire en pleine expansion et c'est rare! Et puis, j'apprends à conduire.
– Toi aussi? s'exclama Frédéric. Moi, j'ai un mal

de chien! Je suis ou trop distrait ou trop nerveux. Jamais je n'aurai mon permis.

— Moi, je l'aurai. Et ton film?

— Les choses sérieuses commencent la semaine prochaine, à Cannes et à Nice.

— Tu es content?

— On a écrit dans la presse que j'étais en train de devenir une star. Ça relève de la diffamation pure et simple!

— Mais tu seras au théâtre, samedi, pour la 150e?

— Oui. J'ai promis-juré à Alex.

— Ce sera amusant de voir la pièce. Et Diane Dubail? »

Frédéric sursauta car Diane venait justement d'apparaître sur l'écran de son téléviseur muet et il eut la nette impression que Marion pouvait la voir, elle aussi. Avait-elle un poste de télévision dans sa chambre, un poste branché sur Antenne 2?

« Diane, c'est...

— Une aventure de tournage?

— Exactement, répliqua Frédéric, davantage pour faire plaisir à Marion que parce qu'il le pensait réellement. Elle est sympa... Je suis sûr que tu t'entendrais très bien avec elle... »

Marion ne réagit pas. Regardait-elle Diane, maintenant cadrée en gros plan et présentée par l'animateur de *Tableau d'honneur*, un quinquagénaire coiffé d'une perruque mal ajustée et « laquée à mort » comme aurait dit Diégo. « Elle est belle, elle est charmante », estima Frédéric en s'étonnant un peu de ne ressentir aucune émotion.

A l'autre bout du fil, le silence se prolongeait. Frédéric dut détourner les yeux pour retrouver l'usage de la parole :

« Quoi de neuf, côté police?

— Le brouillard total! Ne crois pas que je sois

hantée par un désir éperdu de vengeance, poursuivit Marion, mais il me semble que je dormirais mieux si je savais qui a tué Guillaume. Qui et pourquoi.

— Je te comprends.

— La police en revient toujours aux putains du bois de Boulogne. C'est grotesque... d'autant que Guillaume avait presque 10 000 francs sur lui ce soir-là et que personne n'a touché à son portefeuille.

— J'ai eu une idée... biscornue!

— Laquelle?

— Guillaume n'aurait-il pas été tué à cause de la comédie que nous lui avons jouée, Christophe, toi et moi?

— C'était une comédie, tu le dis toi-même. Comment aurait-elle pu déboucher sur un drame? Par quel biais? J'ai d'ailleurs tout raconté à l'inspecteur Fréjoul qui n'a pas retenu cette piste. Que devient Christophe? continua Marion pour changer de sujet.

— On se voit beaucoup moins... »

« A cause de Diane Dubail! » pensa Marion sans le dire, mais Frédéric devina ce qu'elle avait en tête.

« ... il se marie, ajouta-t-il.

— Ah! bon? s'exclama Marion, ahurie. C'est inattendu.

— Pourquoi?

— Je ne sais pas... il est si jeune. Tu connais la fille?

— Non; c'est une amie d'enfance. Très gentille, paraît-il. Elle peint.

— Je lui souhaite d'être heureux.

— Tu le lui diras toi-même : il sera là samedi.

— Tu reprends ton rôle après le film?

– Oui. A moins qu'Hollywood alléché par mes prouesses ne me fasse signe! Et toi?

– Non. Cette pièce est trop liée au souvenir de Guillaume. »

Sur le petit écran, Diane Dubail embrassait le candidat-gagnant de *Tableau d'honneur* – un jeune homme écarlate – et lui remettait un chèque. Frédéric jeta un coup d'œil à sa montre : l'heure de son rendez-vous avec Diane approchait.

« Quand tu seras au sommet, tu écriras tes souvenirs, disait Marion. Tu parleras de moi, je serai furieuse et je t'intenterai un procès! » conclut-elle avec une cocasserie de commande.

Frédéric se força à rire. Marion sut interpréter ce rire et elle enchaîna sur un mensonge que Frédéric ne songea pas à lui reprocher parce qu'il l'arrangeait.

« Jérôme m'appelle; il faut que je te quitte. Merci d'avoir téléphoné.

– Ah! non, Marion! Pas ce genre de texte avec moi! répliqua Frédéric, piqué au vif par ce « Merci d'avoir téléphoné ». Tu me traites comme un étranger, un importun...

– Oui, pardon, dit Marion dont les yeux se remplirent soudain de larmes et la voix trembla. Je t'embrasse comme avant. »

Et elle interrompit la communication.

Le combiné dans la main, ne pensant pas à raccrocher, Frédéric fit quelques grimaces qui traduisaient son état d'esprit vis-à-vis de la jeune femme. Il la plaignait sincèrement mais, en même temps, ne pouvait s'empêcher d'éprouver une légère rancœur dont l'origine lui échappait...

Le générique de *Tableau d'honneur* défilait sur l'écran. *Avec la participation exceptionnelle de Diane Dubail...*

« Diane! »

Frédéric plaqua le combiné sur le socle de l'appareil et attrapa son trench-coat en cuir noir – neuf! – qu'il enfila en sortant. Dans l'escalier, il reconnut la sonnerie de son téléphone. Il hésita, se décida à remonter mais une fois franchie la porte de l'appartement, il n'entendit plus rien.

Rue du Cardinal-Lemoine, il arrêta un taxi qui le conduisit au bar de l'hôtel Crichton.

En manteau de renard bleu, Diane surgit vers 19 h 45. Elle embrassa Frédéric sans que le barman, les garçons et les clients ne lui accordent un regard.

« Personne ne te reconnaît? demanda Frédéric, étonné.

– Si. Mais ici la règle est de foutre la paix aux célébrités. C'est pour ça que j'aime cet endroit.

– Je t'ai vue à la télé...

– Une émission débile... mais le producteur est un copain qui m'a aidée autrefois. Il faut renvoyer l'ascenseur! Ta journée?

– Rien d'extraordinaire. J'ai longuement téléphoné à Marion...

– Comment va-t-elle? Mal, évidemment. Ma question est idiote! Et toi, par rapport à elle? Je ne suis pas jalouse mais je préfère les situations nettes, précisa Diane avec malice.

– Marion et moi, c'est terminé. Et c'est terminé depuis le jour où elle nous a forcé, Christophe et moi, à jouer la comédie à son mari. Je viens tout juste de le comprendre.

– Ce n'est tout de même pas ça qui l'a tué! Que veux-tu faire, ce soir? Cinéma, théâtre?

– J'aimerais bien voir la pièce de Pinter au Cambon.

– J'appelle le théâtre. »

Le lendemain, Diane s'envolait pour Nice où elle tournait des scènes de cabaret avec Florence Farnèse mais sans Frédéric qui ne devait rejoindre l'équipe du film qu'une semaine plus tard. Il s'en réjouissait car il aurait ainsi la possibilité d'assister seul à la 150e d'*Un sucre ou deux?* La présence de Diane à ses côtés aurait compliqué les choses et contrarié Marion. Et peut-être même Christophe. Tandis que là...

Frédéric et Diane dînèrent rapidement au bar du Chrichton puis filèrent au Cambon. Frédéric participait davantage au spectacle que Diane qui le regardait observer les acteurs.

« Ça ne te tente pas, le théâtre? lui demanda-t-il à l'entracte.

— Oh! non, je suis trop paresseuse. Et puis répéter les mêmes phrases chaque soir...

— Moi, entre un grand film et une bonne pièce...

— Tu choisirais la pièce, je sais! »

Rue de Grenelle, Diane reçut un coup de téléphone d'Herbert Vandair et Frédéric en profita pour prendre un bain.

Ils firent l'amour tendrement car il leur importait plus, ce soir-là, de donner que de prendre.

Le lundi matin, à 10 h 35, un Airbus décolla d'Orly, emportant Diane et Florence Farnèse.

Désormais libre de son temps et sans autres obligations que ses cours de piano et de conduite, Frédéric se précipita tout naturellement à *Télévie* pour déjeuner avec Christophe qui eut du mal à dissimuler son émotion. Frédéric nota chez les collègues du jeune homme un changement d'attitude : les hommes le saluèrent avec respect et les sourires des filles semblaient autant de promesses.

« La rançon de ta gloire naissante! » expliqua Christophe.

A la pizzeria de la rue de Mogador, Christophe à qui Anne avait téléphoné le matin annonça à son ami son intention d'acheter un appartement avec l'argent de ses futurs beaux-parents.

« Une centaine de millions d'anciens francs...
— Anne est un beau parti! » s'exclama Frédéric.
Christophe rosit et protesta :
« Mais ce n'est pas pour ça que... »
Frédéric lui envoya une bourrade :
« Ne sois pas si susceptible! »
Et durant toute la semaine, les deux amis ne se quittèrent plus. L'après-midi, ils visitaient des appartements. Le soir, ils dînaient ensemble et se rendaient à la cinémathèque, à Chaillot ou à Beaubourg.

Ce fut pour Christophe une période extraordinairement heureuse et dont il savoura chaque minute.

Un jour, appâtés par une petite annonce de *France-Presse*, ils atterrirent à l'agence *Immob*. Son directeur, M. Guilbaud les entraîna, rue de Richelieu, dans un quatre-pièces assez sombre, qui ne correspondait guère à sa description lyrique quoique codée, publiée par le quotidien.

L'œil brillant derrière le verre épais de ses lunettes, M. Guilbaud, un homme à l'âge incertain mais d'une élégance voyante – gilet rouge, cravate verte, chevalière et gourmette – considérait ses clients avec plus que de la sympathie.

« Par ici, messieurs...
— Ça manque de clarté, dit Frédéric, aussitôt entré.
— Parce que le temps est couvert. Un rayon de soleil, deux doigts de champagne et c'est *Printemps à Rio*! »
Rigolard, Frédéric poussa une porte :
« Ce pourrait être ton bureau, dit-il à Christophe.
— Et là, votre chambre », enchaîna M. Guilbaud

avec un tact beaucoup trop appuyé en ouvrant une seconde porte.

Pour amuser Christophe qui n'avait pas envie de rire, Frédéric abonda dans le sens de l'homme :

« Notre chambre, oui. Comment est la salle de bain?

– A refaire. A votre goût!

– Et la cuisine?

– A refaire, également. Ce qui explique la modicité du prix.

– Ça se dit, " modicité "?

– Tout se dit, il suffit d'oser! répliqua M. Guilbaud, l'air mutin.

– Modicité ou pas, c'est tout de même 850 000 francs!

– Pour 90 mètres carrés. Et puis, il y a le quartier. Vous êtes à deux pas de la rue Sainte-Anne.

– Du *Gayridon*...

– Vous connaissez le *Gayridon*? demanda M. Guilbaud, frémissant.

– Nous y avons beaucoup dansé, prétendit Frédéric avec une intonation odéonesque qui dérida Christophe.

– Ah! la danse! soupira douloureusement M. Guilbaud.

– Vous ne pratiquez plus? s'informa Frédéric. Rupture ou lumbago?

– Ni l'un ni l'autre. Mais aujourd'hui, monsieur, on ne danse plus, on saute! »

Cette réplique enchanta Frédéric qui la répéta longtemps après qu'ils eurent abandonné M. Guilbaud à sa nostalgie et à son quatre-pièces crépusculaire.

Mercredi, jeudi, vendredi... Christophe et Frédéric couraient de Saint-Germain-des-Prés à la place Wagram, de la rue des Ecoles à la rue Caulaincourt. A force d'entendre Frédéric s'inquiéter du nombre de mètres carrés, du montant des charges et de l'état de la toiture de l'immeuble, Christophe avait fini par croire que c'était avec lui qu'il allait vivre. Afin d'entretenir cette illusion – et aussi d'écarter Anne – Christophe refusait tout ce qu'on leur proposait.

Frédéric avait eu une idée de scénario dont les héros étaient deux copains de régiment, un parisien et un provincial. Libéré trois mois avant son camarade, le Parisien lui propose de venir le rejoindre à Paris. Dégagé de ses obligations militaires, le provincial débarque dans la capitale qu'il ne connaît pas et ne trouve personne à la gare : son ami a disparu. « Un point de départ fabuleux, non? » Christophe était d'accord.

Le samedi, jour de la 150e d'*Un sucre ou deux?*, Frédéric rappela à Christophe qu'il prenait l'avion le lendemain pour Nice.

« Quand on se reverra, tu seras marié.
– Moi? répliqua Christophe, stupéfait.
– Tu as oublié que tu épouses Anne le 16 avril?
– Non. Oui.
– Es-tu bien sûr de vouloir te marier? demanda brusquement Frédéric, ses yeux dans ceux de Christophe.
– Anne le désire tellement...
– Anne, d'accord. Mais toi? »

Pris au piège du regard de Frédéric et saisi d'un espoir fou, Christophe lâcha un début d'aveu :
« Je ne sais plus...
– Mais dis donc, c'est grave, ça!
– Qu'est-ce que tu en penses, toi?
– Moi? Mais ce n'est pas moi qui me marie!
– Tu es tout de même concerné... »

Frédéric ne songea pas à nier sans toutefois oser pousser trop loin l'introspection. Il s'en tira par une

pirouette que Christophe reçut comme un coup :
« Marie-toi; tu pourras toujours divorcer! »

*

Pour Marion, la grande question était de savoir si elle devait se rendre au théâtre de la Harpe accompagnée ou non. Et ceci, bien entendu, en fonction de Diane Dubail, invitée par Frédéric. Mais elle n'était pas certaine que la vedette ait envie de revoir le spectacle. A moins que par amour... ou plutôt par amour de la publicité!

Le nouveau couple idéal du cinéma français, avait lu Marion sur la couverture de *Noir sur Blanc*. Le titre accrocheur et la photo ne l'avaient pas indignée. Au contraire. Cette étreinte mise en scène et savamment éclairée était la preuve que Frédéric et Diane Dubail formaient l'un de ces duos éphémères nécessaires à la promotion d'un film. Les vrais amants n'affichent pas leurs amours même s'ils sont comédiens tous les deux. Diane Dubail peut-être, après tout, parce que la célébrité avait pu dévoyer ses sentiments... mais Marion connaissait suffisamment Frédéric pour affirmer qu'il refuserait que l'on exploitât ses battements de cœur à des fins commerciales.

Et puis, d'ailleurs, quelle importance? Marion n'avait-elle pas rompu avec Frédéric même si elle tenait toujours beaucoup à lui? Mais aujourd'hui, l'amour-propre l'emportait sur l'amour. Elle ne voulait pas être seule face au « nouveau couple idéal du cinéma français »!

A qui proposer d'être son cavalier? A Jérôme? Non, ce n'était pas la place de son fils... qui, en outre, avait déjà vu la pièce. Michel Zoller? Non plus car Marion s'était rendu compte, au fil des jours, qu'elle subjuguait l'associé de son mari. Ce n'était pas désagréable mais Zoller ne lui plaisait pas... sans compter qu'il était marié et père de famille! Lui faire signe, c'était l'autoriser à espérer.

Restait Christophe. Non! Impossible après ce qui s'était passé à Montfort et au *Gayridon*. Marion n'avait jamais abordé carrément le problème avec le jeune homme mais elle avait la certitude qu'il lui était désormais hostile.

Alors, seule? Seule! Elle le confirma à Yvonne, la vieille caissière-ouvreuse de la Harpe, quand celle-ci téléphona pour réserver des places à son intention.

Le samedi, Marion soigna son maquillage et sa tenue : elle avait opté pour un blazer bleu dur sur une jupe de mousseline noire. Au dernier moment, elle avait annulé son rendez-vous chez le coiffeur, incapable de supporter les regards appuyés et les apartés dont elle faisait les frais.

Madame Chassagnes a été rapidement et définitivement mise hors de cause, avaient annoncé les journaux. Ce qui n'avait apparemment pas convaincu leurs lecteurs. Tout au moins ceux de Montfort-l'Amaury.

Le soir, rue de la Harpe, Marion s'engouffra tout naturellement dans " le boyau de l'enfer ". Monelle et Lucie l'accueillirent avec des cris de joie et des baisers :

« Marion!
— Ma chérie...
— Tu as maigri, non? Tu es d'un chic... »

Monelle et Lucie lui présentèrent Andréa Ancelot, sa remplaçante.

« On lève dans cinq minutes, les filles! » cria la voix de Diégo qui martela la porte de son poing fermé, provoquant un début de panique dans la loge.

« On n'est pas prêtes, on n'est pas prêtes! »

Soudain, plantée devant le miroir auréolé de petites ampoules électriques, Marion eut une vision qui la ramena des semaines en arrière. Flash-back éprouvant et dont elle mesura très vite les terribles conséquences. Préoccupées par leur coiffure et leur costume, aucune des trois comédiennes ne remarqua son trouble.

« A tout à l'heure, réussit-elle à dire en sortant.
— Tu vas chez les hommes? » lança Lucie.

Un peu vacillante, s'interdisant de penser, Marion regagna la rue et pénétra bientôt dans le hall du théâtre. L'affichette *Complet* se balançait au-dessus de la caisse désertée par la vieille Yvonne qui récoltait de maigres pourboires dans la salle.

Après avoir consulté son petit carnet d'adresses, Marion tendit la main pour atteindre le téléphone qui trônait à côté de la souche à billets. Elle composa sur le cadran le numéro de l'inspecteur Fréjoul. Le policier serait-il chez lui? Il y était.

« Ici Marion Chassagnes. Je ne vous dérange pas?
— Non. Où êtes-vous?
— Au théâtre.
— Du nouveau?
— L'assassin de mon mari est l'un des membres de la troupe.
— Qui?
— Je ne sais pas encore. Venez vite! »

CHAPITRE VII

Le dimanche, Frédéric retarda son départ et prit l'avion de 19 h 45 après avoir prévenu Diane.

La jeune femme l'attendait à l'aéroport de Nice. Grâce à son absence totale de maquillage et au foulard qui dissimulait ses cheveux, personne ne lui prêta attention et Frédéric s'en félicita car il n'était pas d'humeur à jouer au « couple idéal ». Un taxi les emmena à l'hôtel Félicida, monument baroque devant lequel ralentissaient les cars de touristes. Florence Farnèse qui qualifiait le vieux palace d'« ophulsien » n'avait pas voulu être logée ailleurs et Albert Samson avait trouvé plus commode d'y réunir ses vedettes et son metteur en scène.

« Nous avons des chambres communicantes! » révéla Diane à Frédéric.

Elle lisait sur son visage qu'il n'avait pas dormi la nuit précédente. Elle jugea donc plus sage d'attendre qu'il lui raconte les ultimes rebondissements de l'enquête menée par l'inspecteur Fréjoul plutôt que de l'accabler de questions.

A l'hôtel, Diane annonça par téléphone qu'elle et Frédéric dîneraient dans sa chambre puis fit couler un bain. Une fois dans l'eau mousseuse, Frédéric se détendit enfin et parla :

« Je n'ai pas quitté Marion depuis hier soir...

— C'est normal, dit Diane qui avait appris, par la télévision, l'arrestation de l'assassin de Guillaume Chassagnes.

— Quelle journée!... et quelle nuit! Les flics bloquant la rue de la Harpe, le panier à salade garé devant le théâtre, tu imagines? Et jusqu'à la chute du rideau, Marion et l'inspecteur Fréjoul ignoraient qui allait y monter...

— Mais comment ont-ils compris que la coupable appartenait à la troupe? La télé n'en a pas dit un mot.

— Dans la loge des filles, juste avant le spectacle, Marion a remarqué un sac en croco de forme triangulaire, un modèle de la collection *Clélia*, qui n'avait pas été commercialisé, un prototype si tu préfères. Elle en a immédiatement déduit que l'une de ses amies connaissait très bien son mari. Lucie ou Monelle? Celle qui aurait le sac sous le bras en sortant du théâtre!

— Et c'était Monelle...

— Oui. Incroyable!

— Si incroyable que ça, rétrospectivement?

— Nous savions tous que Monelle se droguait un tantinet mais puisque son jeu n'en a jamais souffert, nous estimions que cela ne nous regardait pas. Et aucun d'entre nous ne soupçonnait qu'elle avait eu de sérieux problèmes avec la police.

— Quel genre de problèmes?

— Elle avait, elle a toujours un amant qui est revendeur de drogue. Après avoir fait deux ans de prison pour trafic, il vit encore chez elle bien qu'il soit interdit de séjour à Paris. Inculpée de recel, dans la même affaire, Monelle n'avait été condamnée qu'à six mois avec sursis.

— Et votre policier n'en savait rien?

— Il n'a découvert toutes ces joyeusetés que récemment, en effectuant une enquête sur chaque membre de la troupe. Mais comment rattacher la condamnation de Monelle à l'assassinat de Chassagnes? Il n'y avait pas de lien apparent.

– Donc, sans Marion...

– Oui, sans Marion... répéta Frédéric qui fronça les sourcils : tu veux parler du sac?

– Naturellement.

– Non, le sac n'est qu'un... accessoire, c'est le cas de le dire! Ce qui a tué Guillaume Chassagnes, c'est le mensonge de sa femme.

– Explique-toi!

– Chassagnes n'a jamais vraiment cru que Christophe et moi étions amants mais il avait besoin de preuves. Un jour, Monelle qui, elle, avait besoin d'une robe, est passée chez *Clélia*, rue Récamier, au moment où Chassagnes en sortait. Ils ont échangé quelques mots, d'abord du bout des lèvres puis ils ont sympathisé, admettant qu'ils n'avaient aucune raison de se faire la gueule en dehors de *La Consigne*. Et Chassagnes a finalement demandé à Monelle de nous surveiller tous les trois, Marion, Christophe et moi afin de savoir qui couchait avec qui.

– Et Monelle a accepté cette mission?

– Moyennant finances. Monelle a toujours été à court d'argent et Chassagnes était généreux. Généreux et cavaleur. Monelle qui n'est pas laide s'est donc arrangée pour devenir sa maîtresse. Après la fermeture de la boutique, les rapports pimentaient le rapport! Un soir, son associé ayant débarqué à l'improviste, Chassagnes qui ne tenait pas à être vu en galante compagnie a poussé Monelle dans une pièce où sont entreposées les créations *Clélia*. C'est là que Monelle qui a des doigts d'araignée a subtilisé le fameux sac; il traînait sur une étagère. Puis, entrouvrant la porte, elle a écouté les deux hommes. La conversation portait sur un fichier de clients, illégalement acquis. Plus tard, après le départ de Zoller, l'associé, et profitant de ce que Guillaume avait le dos tourné, Monelle a glissé le fichier dans le grand carton contenant la robe qu'il lui avait offerte.

– Elle a décidé de le faire chanter ?

– Haut et fort ! »

Frédéric était maintenant debout dans la baignoire, couvert d'une mousse que Diane chassa à l'aide du jet de la douche avant de lui tendre un peignoir blanc. Nouant la ceinture du peignoir autour de sa taille, Frédéric regagna la chambre et plongea sur le lit, ouvrant les bras à la jeune femme.

« Monelle était surexcitée car – détail capital ! – elle venait d'être engagée pour tourner dans une série de télévision. Elle espérait sortir enfin de l'anonymat et devenir, non pas une star, mais une vedette du petit écran. Elle avait envie de changer de vie, de déménager...

– Il lui fallait donc de l'argent ?

– Beaucoup d'argent. Et peut-être aussi pour acheter de la drogue. Bref, le 27 février, elle avait rendez-vous avec Chassagnes rue Récamier à dix-huit heures trente mais au lieu de le rejoindre dans son bureau, elle grimpe dans sa voiture, ne voulant pas prendre le risque d'être dérangée par Zoller, très nerveux depuis la disparition du fichier. Une fois assise dans la Mercedes, elle fouille partout, comme à son habitude, découvre le revolver dans la boîte à gants mais n'y touche pas. Vers dix-neuf heures surgit Chassagnes, furieux d'avoir attendu et de la trouver là. Il la chasse, elle s'incruste et lui demande de la raccompagner chez elle. Chassagnes refuse et démarre. C'est alors que Monelle abat ses cartes : 50 000 francs ou elle révélera à Marion qu'il est son amant. Chassagnes éclate de rire : elle veut tout raconter à Marion? Eh bien, qu'elle le fasse et tout de suite! « Je t'emmène à Montfort! » lui dit-il en accélérant. D'abord, déconcertée par cette réaction, Monelle sort son atout : elle possède le fichier et réclame 200 000 francs en échange. Absolument fou de rage à l'idée qu'il a été piégé, manipulé, Chassagnes stoppe sa voiture en plein bois de Boulogne. Ainsi, c'est elle, la voleuse! Il crie à Monelle qu'il se fout du fichier et qu'il va se rendre au commissariat le plus proche afin de déposer une plainte contre elle pour vol et tentative de chantage. Monelle comprend qu'il ne plaisante pas et s'affole : elle pense à ses six mois de prison avec sursis, à son amant qui vit chez elle alors qu'il est interdit de séjour à Paris, et surtout, surtout, à son projet de télé auquel elle ne renoncerait pour rien au monde. Elle veut empêcher Chassagnes de mettre sa menace à exécution...

– Et elle se souvient du revolver...

– Elle prétend qu'elle désirait seulement l'effrayer. Aux flics et aux juges d'en décider. Toujours est-il que Chassagnes essaie de lui arracher l'arme. Un coup de feu claque et Chassagnes s'effondre. Prise de panique, Monelle n'en oublie pas moins d'essuyer ses empreintes sur l'arme qu'elle colle dans la main de Chassagnes. Puis elle descend de voiture et disparaît dans la nuit.

– Pauvre fille... trahie par un sac! Et Marion?

– Elle est à la fois soulagée que le mystère soit éclairci et traumatisée de savoir qu'elle est en partie responsable de cette affreuse histoire. Car, enfin, si elle n'avait pas menti à son mari, il serait toujours en vie.

– Mais tu ne la condamnes tout de même pas?

– Bien sûr que non. Tout le monde ment, un jour ou l'autre, sans réfléchir aux conséquences. Toi, la première! accusa légèrement Frédéric sans donner plus de précision mais l'ombre d'Herbert Vandair traversa la chambre.

– L'important est de ne pas se mentir à soi-même. »

Comme Frédéric se taisait, Diane s'inquiéta :

« Tu penses à Marion ?

– Oui. »

Frédéric mentait. Il pensait à Christophe mais il ne se demanda pas pourquoi.

*

Christophe ne pouvait s'empêcher de plaindre Monelle, prise dans un engrenage dont Marion était le moteur. Monelle n'avait jamais eu l'intention de tuer Guillaume Chassagnes, il en était convaincu et croyait à la thèse de la balle partie accidentellement au cours de la brève altercation opposant les deux occupants de la Mercedes. En revanche, son ressentiment vis-à-vis de Marion ne cessait de croître. N'avait-elle pas déjà trois victimes à son actif ? Son mari, tout d'abord, puis Monelle qui se retrouvait derrière des barreaux et lui-même, entraîné dans un mariage qui lui paraissait de plus en plus improbable au fur et à mesure que la date de la cérémonie approchait.

Depuis le départ de Frédéric, Christophe mesurait le vide de son existence et la profondeur d'une inclination que l'absence de l'être aimé exacerbait encore. Et ce n'était pas le coup de téléphone quotidien d'Anne qui pouvait lui remonter le moral puisque la jeune fille lui décrivait par le menu les préparatifs d'une fête qu'il assimilait à une corvée doublée d'une mauvaise action. Il ne s'animait que lorsqu'il était question du voyage de noces. Parce que le voyage de noces, c'était Nice et que Nice, c'était Frédéric.

Frédéric ne se manifestant pas, Christophe l'appela un soir, au Félicida :

« Comment vas-tu ? Comment ça se passe ?

— Magnifiquement ! Florence et Diane me facilitent la tâche au maximum. Et toi ? As-tu trouvé ton appart ?

— Non.

— Mais tu te maries toujours le 16 ?

— Oui. Nous serons à Nice le 17, au matin. J'ai retenu une chambre à l'hôtel Select.

— Je t'attends aux studios. J'ai hâte de connaître Anne... »

Quelqu'un parlait à Frédéric. Une femme. Diane Dubail, à n'en pas douter. Plaquait-elle l'écouteur contre son oreille ? Agacé, Christophe abrégea la communication.

Obligé de demander un congé à son rédacteur en chef et d'en expliquer les raisons, Christophe aborda donc, pour la première fois avec lui, le chapitre de sa vie privée. La nouvelle de son prochain mariage se répandit aussitôt parmi ses collègues pour lesquels il dut organiser un « pot » dans les locaux du journal, comme l'exigeait la tradition. A cette occasion, il reçut des cadeaux dont le nombre et la valeur — coffrets de disques, livres d'art, ustensiles de cuisine sophistiqués — l'étonnèrent et le touchèrent. Il ne se savait pas si populaire.

Bien que s'étant promis de ne pas trop boire, il ne put refuser de trinquer. A neuf heures du soir, il ne tenait plus debout. Son amie Catherine l'aida à s'écrouler sur la banquette d'un taxi et donna au chauffeur l'adresse du fiancé.

Christophe fut malade toute la nuit, davantage peut-être à l'idée de ce qui se préparait dans sa ville natale qu'à cause de l'alcool ingurgité.

Les événements se précipitèrent comme les scènes d'un film projeté en accéléré.

Christophe revint à Châtignes, embrassa Anne et les Delbret et opposa au silence narquois de sa mère une indifférence à peine forcée.

A la mairie, le matin du 16, les mariés subirent un discours qu'ils n'écoutèrent pas avant de signer sur un registre, imités par leur témoin. Il pleuvait à la sortie et l'on courut jusqu'à la maison des Delbret en affirmant que c'était un gage de bonheur.

Le déjeuner réunissait une trentaine de personnes que Christophe n'avait jamais vues ou ne reconnaissait pas. Serrant la main d'Anne à lui faire mal – geste qui attendrit – afin de ne pas perdre le contact avec une réalité fuyante, il avait plus l'air d'un cousin éloigné invité à la dernière minute que du héros de la journée.

A 19 h 15, un cortège de voitures se dirigea vers la gare dans un concert de klaxons. « Le jeune ménage », comme on disait maintenant, devait être à Paris deux heures plus tard pour prendre le train à destination de Nice. Sur le quai, on agita des mouchoirs. Dominant difficilement son exaspération, Mme Aubry tendit le sien à Mme Delbret qui sanglotait sans retenue.

« Ouf! s'exclama Christophe quand Châtignes disparut de l'horizon.

— Ouf! » répéta Anne en écho.

Ils parlèrent peu; lui parce qu'il ne savait pas très bien quoi dire, elle parce qu'elle n'était pas sûre de ne pas rêver. A Paris, ils passèrent de la gare d'Austerlitz à la gare de Lyon. Dans le wagon-lit, ils se déshabillèrent sans gêne aucune et s'étendirent, Anne sur la couchette du bas et Christophe sur celle du haut.

Une fois la lumière éteinte, Christophe se réjouit qu'Anne ne lui ait jamais demandé pourquoi il n'avait pas plutôt choisi de voyager par avion. Avait-elle compris qu'il redoutait l'épreuve de la nuit de noces?

« Demain, je verrai Frédéric et c'est la seule chose qui compte », pensa-t-il en fermant les yeux.

A son réveil, la mer étincelait sous le soleil et il but un café commandé par Anne à l'employé du wagon-lit. Pouvait-on mieux commencer une journée dont Frédéric était l'aboutissement?

« Tu es heureux? demanda Anne en souriant.
– Je le suis! »

Christophe était sincère et pourtant mentait puisque Anne se méprenait sur les causes de sa joie. Fallait-il déjà se tourmenter, battre sa coulpe? Le paysage illimité et harmonieux l'apaisa. Mais pour combien de temps?

Nice. A l'hôtel Select, dans la chambre 9, un grand bouquet de roses et de mimosas trônait sur la table. Il y avait une carte :

Ayez une pensée pour les pauvres acteurs qui travaillent! Frédéric.

« Comme c'est gentil », dit Anne, penchée sur les fleurs.

Frédéric ayant, sans le savoir, arrondi les angles, Christophe n'eut aucun mal pour entraîner Anne aux studios de la Victorine sitôt après le déjeuner, d'autant que la jeune femme était très émue à l'idée d'approcher Diane Dubail et Florence Farnèse, l'idole de sa mère.

Un cerbère filtrait les visiteurs. Christophe devina que sa carte de presse serait le meilleur des laissez-passer.

« Et mademoiselle? demanda l'homme.
– Je suis la secrétaire de M. Aubry », annonça Anne que la peur d'être refoulée inspira.

Les deux jeunes gens traversèrent un jardin transformé en parking où la 2 CV voisinait avec la Rolls et au bout duquel s'élevaient quatre gigantesques hangars repeints de frais. Le A, le B, le C et le D. « *La mort n'a pas de faux cils* est au B! » avait indiqué le cerbère.

Derrière la porte, c'était l'ombre, c'était la nuit. Mais, après avoir, à tâtons, contourné quelques panneaux protecteurs, on tombait dans un nid de lumière où les techniciens, le metteur en scène et les acteurs conjuguaient leurs efforts dans un désordre qui avait sa logique et une dispersion minutée.

« Frédéric!
– Christophe... »

Avec un grand rire, Frédéric attira Christophe contre lui et l'embrassa sur les deux joues. Christophe eut un bref étourdissement et s'accrocha aux bras de son ami auquel cette étreinte prolongée parut naturelle. Aveuglée par les projecteurs, Anne n'avait rien remarqué.

« Et voilà Anne, dit Frédéric, la main tendue.
– Bonjour, répliqua la jeune femme. Merci pour vos fleurs... »

Diane Dubail qui ne tournait pas ce jour-là mais qui accompagnait Frédéric se joignit au petit groupe tandis que les machinistes dévidaient des câbles et déplaçaient des éléments de décor.

Florence Farnèse descendit de sa loge en longue robe d'intérieur fuschia signée Nicolas Rizzi. Blonde, diaphane, conforme à sa légende. On lui présenta les Aubry.

« Ils se sont mariés hier, dit Diane.
– Et votre première visite est pour moi? Mais c'est adorable! roucoula Florence Farnèse, les mains jointes. Le champagne s'impose. Filons à la cantoche! »

Paul Tressard qui avait entendu intervint, car il

connaissait les faiblesses de sa vedette et ne tenait pas à compromettre son plan de travail :

« Plus tard, les agapes!

– Rabat-joie! » modula Florence Farnèse sur deux tons.

Tressard, qui en avait entendu d'autres, tapa dans ses mains :

« Garde ton agressivité pour ta scène. On se met en place, les enfants! »

Tressard se préparait à filmer une dispute entre Frédéric et Florence Farnèse, son épouse de cinéma. Le personnage que jouait Frédéric venait de découvrir que sa femme l'avait fait suivre par un détective privé et, révolté, il proclamait son intention de la quitter. Tour à tour sarcastique et venimeuse, Florence Farnèse exhortait l'infidèle à mettre son projet à exécution.

« *Les désespérés qui n'ont que le mot suicide à la bouche ne se donnent jamais la mort!*

– *Ce qui signifie?*

– *... Que les hommes qui, chaque matin, annoncent à leur femme qu'ils s'en vont sont bien décidés à rester avec elle!* »

On répéta. On délimita soigneusement les évolutions des protagonistes. On fit appel à la maquilleuse, au coiffeur, à l'habilleuse.

« *Action!* »

Les comédiens lancèrent enfin leurs premières répliques sous l'œil de la caméra.

« Coupez! » cria Tressard.

On recommença le plan. Trois fois, dix fois. On modifia l'éclairage, on bouscula le décor.

Pour un profane, un tournage est une grande déconvenue et, très vite, une épreuve. Le temps s'écoule interminablement entre deux séquences et, lieu qu'il croyait magique, centre d'illusions, le plateau lui apparaît bientôt comme un compromis entre la salle d'attente, l'atelier de bricolage et le bistrot du coin.

Si Christophe était au comble de la félicité, Anne s'ennuya rapidement mais ne le montra pas.

Le soir, Frédéric invita le jeune couple à dîner avec Diane au *Félicida*. On évoqua les aléas de la production, les colères de Tressard, les caprices d'Albert Samson, le producteur, on se moqua gentiment de Florence Farnèse qui prétendait se coucher tôt mais buvait tard. Frédéric raconta le début du nouveau scénario qu'il concoctait avec son ami. Diane manifesta plus d'intérêt qu'Anne.

Christophe et Anne rentrèrent à l'hôtel Select à l'aube et, ivres de champagne et de fatigue, s'endormirent instantanément.

Au cours du petit déjeuner qu'ils prirent vers midi, Anne proposa de louer une voiture.

« Une voiture? Pour quoi faire?
— Se balader. Visiter l'arrière-pays...
— Mais nous allons à la Victorine! » répliqua Christophe avant de disparaître dans la salle de bain.

Anne ouvrit la bouche puis la referma. « Patience! » se dit-elle.

Dans le taxi qui les conduisait aux studios, elle osa contester :

« Tu ne trouves pas ça fastidieux, cette attente à répétition, cette lenteur des mises au point techniques...
— Non. C'est formidable de voir que le film s'élabore, se fabrique presque à l'insu de tous! »

L'après-midi ressembla à celui de la veille mis à part que le décor avait changé. Allongés à demi nus sur un lit, Diane et Frédéric faisaient des projets d'avenir mais ce n'était pas les mêmes.

« *Tu n'auras jamais le courage de partir*, disait Diane d'un ton désabusé.

– *Ce n'est pas de courage dont j'ai besoin mais d'argent. Sans argent, il ne s'agit plus de départ mais de fuite!* »

Entre les prises, Frédéric rejoignait Christophe et les deux hommes discouraient sans fin, oubliant l'équipe et jusqu'à Anne. Diane s'en aperçut et s'approcha de la jeune femme.

« Pour une femme, l'ennemi, ce n'est pas une autre femme mais très souvent le meilleur ami de son mari! dit-elle pour lui arracher un sourire.

– Je n'ai pas et je n'aurai pas d'ennemi, répliqua Anne sur un ton qui n'était pas celui de la plaisanterie. D'ailleurs, je n'en ai jamais eu.

– Vous avez de la chance... Mais je suppose que, pour votre voyage de noces, vous aviez rêvé d'un autre ciel qu'une couronne de projecteurs accrochés à des passerelles!

– La Victorine n'est qu'une étape. »

En regardant Frédéric et Christophe secoués du même rire, Diane eut le pressentiment que la jeune femme se trompait. Fallait-il détruire ses illusions et risquer de la fâcher?

« Vous êtes si jeune, Anne...

– Vous n'êtes pas si vieille!

– Exact! Mais j'ai une expérience que vous n'avez pas. De la vie. Des hommes.

– Tant mieux, non? Ne pouvant comparer Christophe à personne, je ne peux donc pas être déçue.

– Mais s'il vous décevait un jour?

– Mais je ne lui permets pas de me décevoir.

– Vraiment? répondit Diane, ahurie.

– ... puisque je l'autorise, puisque je lui demande de me confier ses doutes et ses craintes.

– En somme, il a droit à l'erreur à condition de prévenir? »

Cette fois encore, Anne ne suivit pas la comédienne sur le terrain de l'humour :

« Deux êtres qui ne se cachent rien trouvent toujours un terrain d'entente. Ce qui est terrible, c'est le secret. »

Là-bas, les rires des garçons redoublaient.

Déçue, Anne le fut pourtant le lendemain. Déçue et irritée quand elle comprit que le programme de la journée ne lui réserverait aucune surprise. Et elle se révolta :

« Mais enfin, Christophe, nous n'allons pas passer nos quinze jours de vacances à la Victorine?

— Et pourquoi pas?

— Mais j'ai envie de profiter de la région... et d'être seule avec toi.

— Arguments recevables! admit Christophe qui crut avoir trouvé la parade : Mais je travaille!

— Tu travailles? Pour ton journal?

— Non. Au scénario. Avec Frédéric.

— Mais comment l'écrivez-vous?

— En discutant, en échangeant des idées.

— Et vous ne notez rien?

— Si. Là! répliqua Christophe en se touchant le front de l'index.

— Ne te moque pas de moi, s'il te plaît!

— Mais je ne me moque pas de toi, assura Christophe, l'œil froid.

— Ne nous fâchons pas, j'ai horreur de ça, dit la jeune femme dans un souci de conciliation. Ne pourrais-tu voir Frédéric... un jour sur deux, par exemple?

— Non!

— Ecoute, Christophe, il me semble que je suis...

— ... que tu es? »

Le ton montait. De part et d'autre.

« ... Eh bien, patiente, compréhensive, facile à vivre...

— Pas aujourd'hui! »

Anne se mordit les lèvres pour ne pas être accusée de mentir — elle détestait vraiment les scènes — et aussi pour lutter contre les larmes.

« Bon. Si c'est si important que ça, je capitule... sans toutefois me laisser faire! annonça-t-elle d'une voix mal affermie. Tu files à la Victorine, moi, je visite la ville et on se retrouve ici pour dîner. Qu'en dis-tu? »

Christophe était déjà dans l'escalier.

Moins d'une demi-heure après, il poussait la porte de la loge de Frédéric.

« Tu es seul? demanda son ami.

— Anne fait du shopping...

— Dis donc, ce n'est pas très rigolo pour elle, cette lune de miel en cinémascope! continua Frédéric, parce que chapitré par Diane le matin même.

— Du moment qu'elle est avec moi, Anne est contente.

— Alors, en ce moment, elle sanglote! Moi aussi, je suis veuf. Diane et Florence sont à Eden-Roc chez un milliardaire anglais et cinéphile. Il y a de la co-production dans l'air! »

On frappait à la porte.

« Entrez! »

Albert Samson apparut et, face aux deux hommes, l'œil brillant, dévoila des dents trop parfaites pour ne pas être fausses tandis que Christophe qui n'avait pas revu le producteur depuis la soirée au *Gayridon* amorçait un mouvement de recul. Mais il ne put refuser de serrer la petite main alourdie de bagues.

« Pas très bavard, le Jésus! ironisa Samson de sa voix nasillarde qui portait souvent trop loin au gré de ses interlocuteurs. J'espère qu'il est plus expansif au lit! J'ai assisté hier soir à la projection des rushes, poursuivit-il à l'intention de Frédéric. Pas mal, pas mal! Sauf qu'en extérieur, la Farnèse a davantage l'air d'être votre mère que votre femme! Il faut que l'opérateur la trame au maximum et que la maquilleuse rajoute des tulles. »

Christophe savait que pour affronter la caméra les comédiennes vieillissantes et allergiques à la chirurgie esthétique utilisaient des carrés de tulle prolongés d'un élastique ultra-mince. Elles les enduisaient d'une colle spéciale, se les appliquaient sur les tempes et nouaient les élastiques au sommet de leur crâne en les dissimulant sous les cheveux. Plus les élastiques étaient noués serrés et plus la peau du menton se tendait.

« J'ai peut-être un sujet pour vous, Frédéric... Seriez-vous d'accord pour me signer un...

— Pas sans avoir lu le scénario, coupa Frédéric.

— Des exigences insensées! miaula Samson, les yeux blancs. Je vous ai sorti de la crotte, mon bel ami, ne l'oubliez pas!

— Ce n'est pas une raison pour accepter n'importe quoi. D'ailleurs, la crotte, j'y retourne dès que sera donné le dernier tour de manivelle.

— Vous reprenez votre rôle à la Harpe?

— Oui. »

Contrarié, le petit homme caressa d'une main son crâne luisant :

« Pas bon pour votre image de marque, ça!

— Parce que j'ai déjà une image de marque? gouailla Frédéric.

— Nous en parlerons avec Vandair. Après tout, c'est votre agent...

— Ce qui ne lui donne pas le droit de diriger ma carrière! »

L'assistant de Tressard qui s'engouffra sans prévenir dans la loge empêcha le vieil homme de protester :

« Frédéric, Fellini-bis te réclame!

– Je vous accompagne, histoire de tarabuster un peu le Maître et les ringards! annonça Samson. Et puis, il y a, dans l'équipe, quelques jeunes machinos à la braguette fort expressive! » ajouta-t-il en ricanant.

On tournait, ce jour-là, une scène de nuit se déroulant dans le garage du couple Florence-Frédéric. Ivre, Frédéric trafiquait le moteur de la voiture de son épouse, épié sans le savoir par sa belle-fille, une adolescente sourde et muette, secrètement amoureuse de lui mais néanmoins décidée à protéger sa mère. Plus tard, elle mettrait le feu au garage afin de détruire la voiture et, du même coup, les preuves du sabotage.

Comme la veille et l'avant-veille, dès que Tressard n'avait plus besoin de lui, Frédéric allait s'asseoir dans un coin avec Christophe qui buvait ses paroles, plaisanteries ou propositions de rebondissements pour leur scénario.

Soudain, Christophe sentit qu'on les observait. Il leva la tête et, à côté de la caméra, découvrit Albert Samson qui s'entretenait avec le directeur de production, un blond assez empâté. A l'air goguenard de ce dernier, Christophe devina que le producteur lui révélait – avec, sans doute, quelques exagérations et dans un langage plutôt cru – ce qu'il croyait être la vérité sur les amours et les mœurs de Frédéric. Et les raisons de sa présence à lui, Christophe, sur le plateau.

Manipulé par un machiniste, un projecteur éclaira soudainement Anne qui se tenait jusque-là dans l'ombre, à proximité des deux hommes. Anne accrochée à un portant, comme prise de faiblesse.

En une seconde, Christophe comprit que la jeune

femme était venue au studio pour lui faire une surprise et que, pendant qu'elle le cherchait parmi les techniciens et les acteurs, elle avait entendu le récit d'Albert Samson. Cela se lisait sur son visage livide.

Atterré, Christophe ne pouvait ni articuler un mot ni esquisser un geste. Mais la vision d'Anne fuyant la lumière et le plateau le tira de sa prostration.

« Anne! dit-il d'une voix étranglée.
— Quoi, Anne? demanda Frédéric.
— Elle était à côté de Samson et de l'autre type; ils parlaient de nous, j'en suis sûr... »

Frédéric saisit immédiatement la situation. Suivi par Christophe, il se rua sur le producteur :

« Parlez-vous de Christophe et de moi, là, à l'instant?
— Pourquoi? C'est un *scoop* ou vous avez honte de votre ami? » répliqua Albert Samson en ricanant.

Frédéric et Christophe se précipitèrent vers la sortie. Dehors, sous le soleil, après s'être faufilée entre les voitures, Anne atteignait déjà les grilles.

« Anne... Anne! cria Christophe, les mains en porte-voix.
— Une bagnole, il nous faut une bagnole », décréta Frédéric.

L'assistant de Tressard jaillit à son tour du studio B :

« Frédéric, on tourne!
— Jacky, tu as une voiture?
— Oui.
— Vite, vite, emmène-nous, il faut rattraper la femme de mon copain.
— Je te dis qu'on tourne! rappela Jacky d'un ton ferme.
— Trop tard! » annonça Christophe en désignant du doigt la silhouette claire qui, là-bas, sur la route longeant la Victorine, arrêtait un taxi.

CHAPITRE VIII

Sa scène terminée, Frédéric avait téléphoné à Diane à Eden-Roc pour lui exposer l'imbroglio et réclamer de l'aide.

« J'arrive! » avait-elle répondu.

Frédéric avait transmis le message à son ami avant de tenter de lui remonter le moral :

« Anne est une fille intelligente, équilibrée. Tout le contraire d'une hystéro. Tu sauras lui expliquer. D'ailleurs, je t'y aiderai. Et puis, quoi, elle connaît la réputation de Samson, sa langue de vipère, et sa tendance à prétendre que tous les types sont de son bord!

— Non; je n'ai pas cru devoir la mettre au courant. Anne a un côté très... très province.

— Ecoute, elle ne va pas demander le divorce parce qu'on nous a vus, un soir, dans une boîte de tantes! »

Ils ne parlèrent de Marion ni l'un ni l'autre mais ils y songèrent tous les deux.

« Au fait, avant aujourd'hui, Anne savait que ça existait, les tantes?

— Je pense, oui... mais d'une façon... abstraite.

— L'abstrait, ce n'est pas le domaine de Samson. Ce salopard a même dû donner des précisions d'ordre anatomique! »

Le soir, Anne n'avait pas reparu à l'hôtel Select. Diane, Frédéric et Christophe tinrent conseil au *Félicida*.

« Pour moi, elle se balade, elle réfléchit, elle se souvient, estima Diane.

— Et de quoi se souvient-elle? répliqua Christophe en se rendant compte que sa question allait se retourner contre lui.

— Mais... de vos relations, de votre amour. Un amour, cela se prouve! »

Convaincu que mentir ne lui porterait pas chance, Christophe ne chercha pas à tergiverser :

« Je ne lui ai encore rien prouvé », lança-t-il d'un ton morose.

Interloqués, Diane et Frédéric se regardèrent tandis que le jeune homme avouait avec un soulagement évident :

« Nous n'avons jamais fait l'amour. Nous n'étions pas prêts.

— Vous n'étiez pas prêts... ou TU n'étais pas prêt? demanda Frédéric au risque de vexer son ami.

— Plutôt moi! Mais nous en avons discuté et Anne était d'accord pour attendre.

— Le problème est que, maintenant, elle doit analyser différemment votre... timidité, jugea Diane, qui se rappela une phrase prononcée par la jeune femme : « Ce qui est terrible, c'est le secret! »

— Vous pouvez dire : manque d'empressement. Nous n'aurions pas dû nous marier. Nous nous connaissons depuis l'enfance...

— En somme, pour toi, Anne est une sorte de sœur? traduisit Frédéric.

— Oui, c'est cela. Très exactement, même. Je ne la désire pas.

— Et ce sont vos familles qui vous ont poussés... commença Diane.

— Non. Un enchaînement de circonstances. Nous

aimons être ensemble, nous avons des tas de points, de goûts communs. Le mariage nous a paru être une conclusion logique. C'était une profonde erreur.

– Une erreur, ça se répare! dit Frédéric, complètement rasséréné.

– ... à condition de pouvoir dissiper les ombres gênantes, renchérit Diane, moins optimiste. Tant que vous n'aurez pas juré à Anne qu'il n'y a que de l'amitié entre Frédéric et vous, elle aura l'impression d'avoir été bernée, ridiculisée...

– C'est la parole de Samson contre la nôtre? demanda Frédéric.

– Ce n'est pas si simple. Toutes les apparences sont contre vous.

– Les apparences! dit Frédéric, désinvolte, en gonflant ses joues.

– ... font souvent des victimes! Croyez-vous qu'Anne ait pu retourner dans sa famille? demanda Diane à Christophe.

– Non. Ce n'est plus une enfant.

– Je ne veux pas dramatiser mais il est dix heures du soir...

– Et alors? lança Frédéric.

– Il faut tout prévoir. Supposons que l'absence d'Anne se prolonge... nous serons peut-être obligés de prévenir la police? Et de lui donner des événements une version moins scabreuse.

– Tu vois loin, tu vois triste!

– Je pense à la presse, je pense au scandale.

– Et au film! ajouta Frédéric avec une pointe d'aigreur.

– Et au film, parfaitement. Pas toi, je sais! continua la jeune femme devant la grimace expressive de son amant.

– La relation entre le chagrin que peut éprouver Anne et le film m'échappe complètement!

— La relation ? Mais c'est toi ! Toi qui es en train de devenir célèbre, que cela te plaise ou non. Et toi, c'est moi. Et moi, c'est un peu Florence. Je n'ai aucune envie que les envoyés très spéciaux d'*Entre-Nous-Soit-Dit* et de *Noir sur Blanc* viennent mettre leur vilain nez dans nos affaires et, par ricochet, dans celles des parents d'Anne ! Christophe, ai-je tort ?

— Non. »

Frédéric soupira bruyamment :

« Bon, je me rallie à la majorité. Quelle est la « version moins scabreuse des événements » ?

— Je souhaite de tout mon cœur qu'elle reste inédite...

— Dis toujours ! » insista Frédéric, agacé.

Dominant sa mauvaise humeur naissante, Diane sollicita l'attention de Christophe :

« Vous vous êtes disputé avec Anne depuis votre arrivée à Nice. Disputes stupides : Anne voulait visiter la région, vous préfériez travailler à votre scénario avec Frédéric.

— Jusqu'ici, ce n'est que la stricte vérité.

— Ce matin, vous vous êtes quittés fâchés. Anne est venue aux studios pour se réconcilier mais vous avez refusé de lui parler. Elle s'est enfuie. Pris de remords, vous avez vainement essayé de la rattraper.

— Et si Anne raconte autre chose ? dit Frédéric.

— Si Anne raconte autre chose, ce n'est pas à la police qu'elle s'adressera mais à Christophe et à toi ! »

La sonnerie du téléphone crépita, faisant naître l'espoir car Christophe avait recommandé au gardien de nuit du *Select* de l'appeler au *Félicida* dès que sa femme reviendrait.

Diane décrocha et d'un hochement de tête signifia aux deux hommes que l'appel n'avait aucun rapport avec Anne.

« Oui... Oui, Florence... Oui, je le relirai, c'est promis... Si, si, c'est une idée fantastique. A demain! Florence est un peu ivre, elle plane, annonça-t-elle après avoir reposé l'appareil. Elle désire que nous tournions, Frédéric, elle et moi, un *remake* de *La Chartreuse de Parme* sans se rendre compte que nous avons tous très largement dépassé l'âge des personnages! Chère Florence, j'ai beaucoup d'affection pour elle... et d'admiration. »

« ... et je lui sais gré de m'avoir calmée! » s'avoua Diane, prenant conscience que son allusion au danger représenté par la presse à sensation avait choqué et presque braqué contre elle les deux amis. Si elle avait pensé au film et aux parents d'Anne, elle avait également pensé à Herbert Vandair.

« Vous devriez retourner à votre hôtel, Christophe.

– Je ne veux pas rester seul, dit le jeune homme.

– Je t'accompagne, proposa aussitôt Frédéric.

– ... et vous aurez bonne mine quand Anne vous découvrira dans le même lit! lança Diane, choisissant de combattre l'inquiétude par le rire.

– Je ne veux pas rester seul », répéta Christophe, buté.

Diane ressentit la nécessité de distribuer les rôles en s'adjugeant le plus déterminant :

« Je vais au *Select*, j'attends Anne et je lui ouvre les yeux. Vous deux, vous ne bougez pas d'ici! »

Elle enfila un gros blouson de cuir rouge à la coupe futuriste, embrassa Frédéric et sortit.

Christophe dormit dans la chambre de Frédéric et Frédéric dans celle de Diane. Le jour se leva sans qu'Anne ait donné de ses nouvelles et Diane décida d'alerter la police.

*

Le plus éprouvant pour Christophe, ce fut la sollicitude de chaque instant, l'extrême gentillesse de M. et de Mme Delbret. Malgré leur chagrin qu'ils contenaient difficilement, ils ne cessèrent, tout au long de l'enterrement, de lui prodiguer des marques d'affection, de le supplier de ne pas se sentir responsable. « Nous connaissions mal notre fille », répétaient-ils en essuyant leurs larmes.

Mme Aubry, elle, arborait au cimetière le même tailleur noir et le même air sceptique que le jour du mariage. Soutenant Mme Delbret, elle s'assurait que la cérémonie se déroulait sans anicroche et évitait de s'adresser directement à son fils.

Les étranges circonstances du suicide de la jeune femme faisaient chuchoter les parents et les amis qui s'étaient réunis à la mairie de Châtignes trois semaines plus tôt et si l'on plaignait le jeune veuf, on ne pouvait s'empêcher d'extravaguer : Christophe était-il un monstre, Anne, une malade mentale, et la Côte d'Azur un endroit de perdition ?

Deux jours après que la police niçoise ait été prévenue de la disparition d'Anne Aubry, on avait découvert son corps, rejeté par la mer, dans une calanque près de Beaulude. *Noyade*, avait révélé l'autopsie.

Hébété et flanqué de Frédéric et de Diane Dubail dont la présence avait impressionné les enquêteurs autant que sa déposition, Christophe avait donc prétendu, qu'à peine marié, il s'était trouvé en complet désaccord avec sa jeune femme à propos de tout et de rien.

« Une nature très fragile, avait dit Diane. Très susceptible, aussi. »

Christophe n'avait pas aimé ce portrait que l'on

avait – avec son concours, d'ailleurs – tracé de celle qui avait porté son nom mais cerner la vérité de plus près, il en convenait aujourd'hui comme hier, n'aurait rendu service à personne. Pas même à Anne dont on aurait pu railler la crédulité et la faiblesse de caractère.

Se sentirait-il moins triste, moins coupable s'il ne s'était pas rendu compte qu'Anne avait entendu les croustillants propos d'Albert Samson ? Pas sûr.

Frédéric et Diane avaient envoyé une énorme gerbe de roses et de mimosas sans penser au bouquet qui attendait les jeunes mariés au *Select*.

« De la part de tes amis », avait dit Mme Aubry, les yeux baissés, quand elle avait reçu les fleurs.

Depuis qu'il était revenu à Châtignes, Christophe déjeunait et dînait chez les Delbret. L'après-midi, il forçait la mère d'Anne à sortir. Il avait l'impression que grâce à son travail – il était architecte – et à son club de bridge, M. Delbret surmonterait mieux l'épreuve. Mais sa femme était brisée.

L'un et l'autre annoncèrent à Christophe qu'ils avaient fait de lui leur héritier et qu'il pouvait, en s'adressant directement à Me Cardon, notaire à Châtignes, disposer dès maintenant de tout l'argent dont il aurait besoin. Que répondre ? Mais il y eut pire.

« Ne protestez pas, Christophe, lui dit Mme Delbret au cours d'une promenade, mais si vous vous remariez un jour – et je souhaite que ce soit très vite – et que vous ayiez des enfants, j'aimerais que vous nous les ameniez... »

Et Christophe avait promis.

Quand il reprit le train pour Paris, les Delbret et sa mère étaient sur le quai.

« Ne nous oubliez pas, demanda Mme Delbret.

— N'oublie rien ! » lança Mme Aubry en regardant enfin son fils.

Aussitôt arrivé à Paris, Christophe donna sa démission au directeur de *Télévie*, fit cadeau de sa vieille 2 CV à son amie Catherine et prévint son propriétaire de ses intentions. Puis il se volatilisa.

*

A la faveur d'un court voyage à Milan où ils étaient allés acheter des tissus, Marion avait cédé à Michel Zoller. Comment? Pourquoi? La proximité de leur chambre au *Hilton*? Le verre de trop, bu en compagnie des fabricants italiens? L'envie de ne pas être seule ce soir-là? L'obligation morale de récompenser un soupirant dont la constance n'avait d'égale que la discrétion? Marion n'avait rien prémédité, c'était tout ce dont elle était sûre. Mais au matin, ni bouleversée ni déçue, elle s'était promis « qu'il n'y aurait pas de bis » comme on disait à *La Consigne* quand on évoquait une amourette. Et, dans l'avion du retour, elle l'avait fait comprendre à Zoller en ne parlant exclusivement que de *Clélia*.

Et maintenant, les yeux clos, Marion se moquait d'elle-même. Elle s'était dit qu'elle ne deviendrait jamais la maîtresse de Michel Zoller et, pourtant, la nuit dernière... Elle avait aussi affirmé à sa belle-mère et à l'inspecteur Fréjoul que monter sur scène était indispensable à son équilibre mais dès qu'elle avait pris en main les destinées de *Clélia*, les planches avaient, pour elle, perdu tout attrait.

Comment fallait-il interpréter cette succession de contradictions, de volte-face? N'avait-elle, jusqu'ici, fait carrière au théâtre que pour contrarier Guillaume et conserver un minimum d'indépendance? Son mari disparu, le chemin était libre mais qui l'attendait au bout? Elle en avait une petite idée depuis qu'elle avait permis au timide Zoller de s'extérioriser.

L'amour lui avait redonné le goût de l'amour. Et un désir irrésistible de reconquérir Frédéric... qu'elle avait cependant rayé de son existence quelques semaines plus tôt. Une contradiction de plus!

Marion avait des nouvelles de son ex-amant par la lecture des pages *Spectacles* des quotidiens. Elle avait ainsi appris qu'après *La mort n'a pas de faux cils*, Frédéric et Diane Dubail envisageaient de tourner à nouveau ensemble. Ce projet l'avait agacée. Signifiait-il que la liaison des deux comédiens s'officialisait ou que les producteurs croyaient à la rentabilité du tandem Dubail-Renoir? « Des Laurel et Hardy de charme! » aurait dit Diégo.

Toujours par les journaux et les revues, Marion avait suivi l'élaboration de *Beau-fils* (titre provisoire, indiquait-on partout). Frédéric y incarnerait un veuf doté d'un fils de quatorze ans avec lequel il entrerait en conflit à propos d'une jeune attachée de presse qu'il avait l'intention d'épouser. L'adolescent tombait amoureux fou de sa future belle-mère au point de vouloir la supprimer afin que le mariage n'ait pas lieu.

« Un sujet très fort et très difficile » avait dit Diane Dubail dans une interview accordée à *Cinématographe*.

Entre-Nous-Soit-Dit que Marion achetait en cachette titrait en première page et sous une photo de Frédéric et de Diane Dubail se tenant par la main : *Ils ne se quittent plus!* Etant donné la réputation de l'hebdomadaire, Marion doutait un peu de la vraisemblance de cette affirmation... d'autant que l'article accompagnant le cliché était davantage consacré à la promotion de *La mort n'a pas de faux cils* dont la sortie serait le grand événement de l'été qu'aux amours de ses deux vedettes.

Dans *Pariscope*, Marion épluchait chaque semaine

la distribution d'*Un sucre ou deux?* et s'étonnait de ne jamais y voir le nom de Frédéric. Il lui avait pourtant annoncé qu'il reprendrait son rôle dès que son film serait terminé... et Frédéric n'était pas homme à renier sa parole. Et encore moins ses amis.

Comment expliquer cette... dérobade?

Sans être obsédée par Frédéric, Marion devait reconnaître qu'elle pensait beaucoup plus à lui qu'à Guillaume. Guillaume, elle y songeait par recoupement, quand Mme Chassagnes ou Michel Zoller vantait l'une de ses qualités ou quand elle tombait sur de vieilles lettres ou des photographies mais prétendre qu'elle se réfugiait dans son souvenir, qu'elle se plaisait à évoquer les bons ou les mauvais moments, ça, jamais! Elle ne l'aurait avoué à personne mais c'était ainsi. Trois mois après sa mort, elle doutait d'avoir été mariée avec lui pendant quatorze ans.

Les rares allusions au crime et à la meurtrière la laissaient presque indifférente. Ce pénible chapitre était clos. Dans ses comptes rendus, la presse s'était longuement étendue sur le vol du fichier et la tentative de chantage sans accorder une seule ligne à la curieuse mission dont Guillaume avait chargé Monelle. Marion s'était d'ailleurs promis d'envoyer un mot de remerciement à l'inspecteur Fréjoul – ce qu'elle n'avait pas encore fait! – devinant qu'il avait orienté les commentaires. Le procès de Monelle serait évidemment plus riche d'enseignements mais qui prendrait au sérieux les allégations d'une criminelle?

Il arrivait bien à Marion de se dire que rien ne se serait passé si elle n'avait pas juré à Guillaume que Frédéric était l'amant de Christophe mais elle voulait croire que le temps se chargerait d'estomper l'importance de son mensonge.

Début juin, Marion téléphona à Frédéric mais si elle entendit la voix de son ex-amant, ce fut par l'intermédiaire d'un répondeur :

« *Vous êtes bien chez Frédéric Renoir. Si vous désirez me joindre à des fins professionnelles, appelez mon agent : Herbert Vandair, au 227.03.15. Merci!* »

Perplexe, Marion avait raccroché et renouvelé l'opération à plusieurs reprises. Et à toutes heures du jour et de la nuit sans recevoir autre chose que le conseil laconique débité par l'appareil. Frédéric n'était-il jamais chez lui? Pourquoi son répondeur n'enregistrait-il aucun message?

Tentée de retourner rue du Cardinal-Lemoine, Marion y renonça vite, convaincue que Mme Zinelli, la concierge, avait des ordres et qu'elle était incorruptible.

Alors, appeler Herbert Vandair? Mais il n'était pas certain qu'elle parvienne à lui parler directement et, si elle avait cette chance, qu'elle obtienne les nouvelles coordonnées de Frédéric.

Ecrire à Frédéric par l'intermédiaire de Vandair? Pas sûr qu'il reçoive la lettre et puis Marion n'aimait pas écrire.

Incroyable, tout de même, qu'elle ait tant de difficulté à reprendre contact avec lui!

Piquée au vif et faisant fi de ses appréhensions, Marion se rendit un soir à *La Consigne*, ce qui la rajeunit de quelques mois. Mais Frédéric et Monelle manquaient à l'appel.

« Une revenante! dit Alex.

— Jamais remplacée, renchérit Lucie avec, déjà, la larme à l'œil.

— Une lâcheuse, oui! lança Diégo.

— Une sociétaire en disponibilité! » corrigea Pierrot.

On s'embrassa et Marion serra la main des nouveaux membres de la troupe.

« Tu aurais pu venir plus tôt, grogna Alex.
— Mais j'ai un travail fou! Ce dont je ne me plains absolument pas. Comment marche la pièce?
— On arrête le 14 juillet.
— Et pour la rentrée? »
Alexandre peaufinait une pièce, dont il était l'auteur, qui se déroulait dans les loges d'un petit théâtre et racontait la vie des acteurs avant et après une représentation.
« Pour l'écrire, il n'a eu qu'à brancher un magnétophone sous les tables de maquillage! dit Diégo, moqueur.
— N'empêche que l'idée est excellente, répliqua Marion avec un enthousiasme de commande.
— Il y a un rôle pour toi, annonça Alex.
— C'est gentil mais, pour le moment, je me consacre entièrement aux affaires. Ce qui n'exclut d'ailleurs pas la comédie. Mais je n'ai qu'une poignée de spectateurs! »
Personne ne prononça le nom de Monelle.
Il était 20 h 20.
« Au turf, mes enfants chéris! dit Diégo en frappant dans ses mains.
— Qui a des nouvelles de Frédéric? demanda Marion à la cantonade. J'ai toutes les peines du monde à renouer avec le Nouveau Séducteur du cinéma français!
— Frédéric? Il était assis à ta place avant-hier, révéla Diégo.
— Vraiment?
— Lui est à la recherche de Christophe.
— Christophe ne vit plus à Paris?
— Non. Tu sais qu'il a perdu sa femme? Elle s'est noyée pendant leur voyage de noces.
— Mais c'est horrible! s'exclama Marion sincèrement désolée.
— Et depuis, Christophe est introuvable. »

Diégo ne voulait trahir ni Christophe ni Frédéric qui, bien que séparés, formaient déjà un couple dans son esprit. Aussi n'épilogua-t-il pas.

« Mais toi, tu as les coordonnées de Frédéric? » reprit Marion en retenant Diégo par le bras.

Diégo ne pouvait nier. Il donna le renseignement.

« Il a déménagé?
– Il habite chez Diane Dubail.
– Je m'en doutais, figure-toi! prétendit Marion avec une ironie qui devait énormément à son talent de comédienne. Mais les numéros des stars ne figurent pas dans l'annuaire! »

Marion distribua des bises et, par la vitre, vit ses amis courir vers le théâtre. Il n'y a pas si longtemps, elle courait avec eux au-devant du public et du trac...

Elle demeurait assise sur la banquette de cuir craquelé, tenant tête à une tristesse qui, si elle n'y prenait pas garde, pourrait facilement l'entraîner jusqu'au désespoir.

Ils ne se quittent plus! avait affirmé récemment *Entre-Nous-Soit-Dit.* « Pour une fois, ce torchon ne mentait pas! »

Sans y jeter un coup d'œil, Marion déchira en petits morceaux le vieux ticket de métro sur lequel Diégo avait griffonné le numéro de téléphone de Diane Dubail et les déposa dans un cendrier.

Là-bas, de l'autre côté de la rue, crépitait la sonnerie aigrelette annonçant l'imminence du spectacle.

*

De Nice, dans les jours qui suivirent l'enterrement d'Anne Aubry, Frédéric avait régulièrement et vainement téléphoné à Christophe à Paris.

« Et s'il était resté à Châtignes? » avait suggéré Diane.

Et Frédéric avait appelé Châtignes. Et *Télévie*. Et Alexandre Lombal.

« Mon fils est à Paris, avait répondu Mme Aubry.
– Aubry nous a flanqué sa dem! Il ne fait plus partie de la boîte, avait annoncé le rédacteur en chef de *Télévie*.
– Non, on n'a pas revu Christophe. Comment ça se passe, ton film? » avait ajouté Alex.

Frédéric se perdait en conjectures et, certains soirs, envisageait le pire. Diane tentait de justifier l'inexplicable : « Christophe a reçu un grand choc. Peut-être a-t-il ressenti le besoin de changer de vie ou d'effectuer une sorte de retraite? Laisse-lui le temps de comprendre qu'il n'est coupable que de légèreté et qu'on ne peut jamais revenir en arrière... »

S'ils dormaient toujours ensemble, Frédéric et Diane ne faisaient plus l'amour. Diane avait remarqué que son compagnon l'avait traitée en tendre amie mais uniquement en amie du jour où Christophe était sorti de leur univers mais elle s'était bien gardée d'en tirer des conclusions trop hâtives.

Le film terminé, Frédéric avait avoué à Diane qu'il n'avait pas le courage de retourner habiter rue du Cardinal-Lemoine et, tout naturellement, la jeune femme lui avait offert l'hospitalité.

« Taudis pour taudis! » avait-elle dit en souriant.

Frédéric avait maintenant sa chambre rue de Grenelle. Diane avait évidemment mis Herbert Vandair au courant, convaincante puisque sincère : elle n'était plus la maîtresse de Frédéric. « Il traverse une sale crise; je ne peux pas l'abandonner... »

Et Vandair avait loué un studio à Montparnasse

afin d'y abriter leurs amours intermittentes. Diane avait ri sous cape : avant le tournage de *La Mort*, elle cachait à Vandair qu'elle couchait avec Frédéric. Aujourd'hui, la situation s'était inversée.

Il arrivait bien encore à Frédéric de partager le lit de Diane, mais c'était pour regarder la télévision ou parler de Christophe.

« Tu sais, si tu veux ramener une fille... ou plusieurs, tu peux! » lui dit-elle, un soir.

Devant le regard ébahi, choqué même qu'il lui avait lancé, Diane avait atténué, censuré sa suggestion :

« ... ou des copains! Ceux de la Harpe.
– Pas envie! »

Diane se dit que le meilleur moyen de distraire Frédéric serait de tourner un nouveau film. Mais pas n'importe quel film... et pas avec n'importe quelle actrice! Elle lut tous les scenarii qui lui étaient transmis par Vandair – lequel opérait une première sélection – et s'enthousiasma pour *Beaufils*, écrit par Alain Bouteloup, un jeune metteur en scène de vingt-cinq ans qui n'avait, jusqu'ici, travaillé que pour la télévision. *Beau-fils* ne comportait que trois personnages : un veuf encombré d'un adolescent de quatorze ans et une jeune femme dont le père et le fils tombaient amoureux. Diane rencontra Alain Bouteloup – un géant blond natif de Quimper – et lui donna son accord sous réserve que Frédéric soit son partenaire.

Vandair organisa une projection de scènes extraites de *La Mort n'a pas de faux cils* et Alain Bouteloup approuva sans restriction le choix de celle qu'il considérait déjà comme sa vedette.

Vandair prévint Diane :

« Attention, il s'agit d'un film à petit budget qui sera tourné en décors naturels...

– Le contraire de *La Mort*, résuma Diane. C'est très exactement ce qui excitera Frédéric. »

Elle ne se trompait pas. Après avoir poussé Frédéric à lire le script et recueilli de ses lèvres un simple « Pas mal! » Diane souligna les dominantes de l'entreprise : pas de studio, pas d'habilleuse, pas de caprices de divine du style Farnèse, pas de réceptions, pas de conférences de presse...

« ... juste toi et moi. Et le gosse. Et les rues de Montmartre.

– Mais il y a tout de même un producteur? lança Frédéric, que le souvenir d'Albert Samson empêchait encore d'adhérer au projet.

– Trois.

– Trois?

– Vandair, Dubail et Renoir. Nous mettrons nos cachets en participation! »

Diane et Frédéric signèrent leur contrat. Et Alain Bouteloup commença à faire passer des auditions à des dizaines d'adolescents.

Le début du tournage était prévu pour le 8 juillet.

Un matin, alors que Frédéric composait, une fois de plus, le numéro de Christophe, quelqu'un décrocha à l'autre bout du fil.

« Christophe? C'est Frédéric...

– Bonjour Frédéric! répliqua une voix de femme, une voix jeune.

– Je suis bien chez M. Aubry?

– Non. M. Aubry n'habite plus ici. J'ai repris son studio il y a une semaine.

– Vous ne connaîtriez pas sa nouvelle adresse, par hasard?

– Ah! non, désolée.

– Pourriez-vous me donner le nom et le téléphone de votre propriétaire? C'est très important pour moi...

– M. Bodin. 827.01.02. Méfiez-vous, c'est un vieux con!

– Merci.

– Je vous en prie, Frédéric! »

Frédéric s'empressa de joindre M. Bodin qui justifia amplement sa réputation :

« Je n'aime pas que des inconnus me dérangent. Je ne sais pas où est M. Aubry et je m'en fiche! Et je ne vous laisserai pas le plaisir de me raccrocher au nez! »

Le soir, Frédéric entama son habituel lamento mais Diane l'arrêta net en proposant :

« Allons à Châtignes; ce n'est pas le bout du monde! »

Le lendemain, la jeune femme emprunta la voiture d'Herbert Vandair et ils prirent la route. Frédéric qui avait finalement obtenu son permis en échange de quelques photographies dédicacées de ses prestigieuses partenaires voulut absolument conduire. Diane souffrit mais plutôt que de critiquer Frédéric, elle choisit de l'inciter indirectement à la prudence en lui signalant les infractions commises par certains automobilistes.

Il leur fallut deux heures trente pour atteindre Châtignes que Frédéric reconnut immédiatement bien que n'y étant jamais allé. Christophe lui avait si souvent décrit la place de la Victoire, flanquée en son milieu d'une haute fontaine de pierre, d'inspiration vaguement mussolinienne, le Mail, vaste promenade plantée de marronniers et surtout l'atmosphère débilitante de la petite ville repliée sur elle-même et battue, neuf mois sur douze, par une pluie dont ses habitants ne pensaient pas à se plaindre car elle avait, à leurs yeux, le mérite d'éloigner étrangers et touristes...

« On se croirait dans un film des années 50! »

murmura Diane dont les références étaient souvent d'ordre cinématographique en poussant la porte du café de la Victoire.

Un garçon stupéfait ne songeait pas à prendre leur commande.

« Un café, un thé et un annuaire! » réclama Frédéric.

Dans l'annuaire, il chercha et trouva l'adresse de la famille Aubry.

« Tu y vas seul, c'est mieux », dit Diane qui avait apporté *Tendre est la nuit*, commencé la veille.

Frédéric acquiesça et demanda au garçon de lui indiquer la rue du Renard.

Blanche et modeste, la maison des Aubry n'attirait pas l'attention mais Frédéric savait qu'elle renfermait une extraordinaire collection de meubles anciens amoureusement entretenus et se prolongeait par un grand jardin, invisible de la rue.

Mme Aubry ouvrit elle-même la porte : la cinquantaine proche, signalée par des cheveux grisonnants et une absence totale de maquillage qui ressemblait à un défi. « Moi, je ne triche pas! » proclamait son visage blafard. La robe noire était bien coupée et rehaussée de deux rangs de perles.

Frédéric se présenta et rappela qu'il avait téléphoné quelques semaines plus tôt.

« Cette fois-ci, vous vous êtes déplacé! constata Mme Aubry, sûre de ne pas se tromper.

– Avez-vous des nouvelles?

– Aucune.

– Et ce silence ne vous inquiète pas?

– Moins que vous, apparemment. Certaines personnes pratiquent la discrétion uniquement dans le but de se faire remarquer.

– Ce n'est pas le genre de Christophe.

– Comme vous le défendez!
– Christophe est mon ami.
– Un ami de cœur? » lança Mme Aubry avec arrogance.

Frédéric trouva la formule heureuse et il la revendiqua :

« Un ami de cœur, absolument. Et je n'en ai pas d'autre.

– Alors, je comprends qu'il vous manque, répliqua Mme Aubry, accrochée d'un doigt à ses rangs de perles.

– Pas à vous? Pardonnez-moi, je ne voulais pas être indiscret, se hâta d'ajouter Frédéric, conscient de l'impertinence de sa question.

– Mais vous ne l'êtes pas, monsieur Renoir. Christophe et moi portons le même nom. Cela crée des devoirs. Mais pas obligatoirement des liens.

– Pensez-vous que les parents d'Anne...

– Vous connaissiez Anne? coupa Mme Aubry qui s'anima enfin.

– Oui. Cela vous étonne?

– Non, cela m'éclaire. Les Delbret habitent au 42, c'est à deux pas, continua Mme Aubry pour empêcher son interlocuteur de l'interroger.

– Puis-je vous demander de m'avertir si Christophe...

– ... donnait signe de vie? Inutile puisque c'est vous, vous qui êtes son ami de cœur, qui serez le premier témoin de sa réapparition. Et moi, je ne vous demande rien! »

Frédéric courut au 42 de la rue et sonna chez les Delbret qui l'accueillirent plus chaleureusement que Mme Aubry et s'avouèrent mieux renseignés.

« Christophe est à New York.

– A New York? répéta Frédéric, stupéfait.

– Mais il nous a interdit de communiquer son

adresse. Même à sa mère, précisa M. Delbret. Nous respectons sa volonté.

– D'ailleurs, il ne s'agit pas d'une véritable adresse mais d'une boîte postale, renchérit Mme Delbret.

– New York... et vous lui écrivez souvent ?

– Chaque semaine.

– Alors, dites-lui que je suis passé vous voir, s'il vous plaît, et que je me fais du souci à son sujet.

– Nous vous le promettons. »

Frédéric était si troublé que, pour le retour à Paris, Diane s'empara sournoisement du volant et le conserva. Sans se faire prier, Frédéric retraça sa courte enquête, brossa le portrait de Mme Aubry et des parents d'Anne et conclut :

« Pourquoi New York ?

– Je te répondrais bien ce que lance Arletty à Marcel Herrand dans *Les Enfants du paradis* à propos des Indes : « Parce que c'est loin ! » »

Le soir, Diane dînait avec Herbert Vandair et son voyage à Châtignes l'ayant mis sur la voie des souvenirs, Frédéric reprit tout naturellement le chemin de *La Consigne* où Alex et sa troupe le traitèrent gentiment de renégat.

« Où est Christophe ? » demanda Diégo.

En quelques mots, Frédéric raconta la mort d'Anne Aubry – substituant délibérément le mot « noyade » au mot « suicide » – et le départ-surprise de Christophe pour les Etats-Unis. Sensible au désarroi qui perçait sous ses paroles, Diégo crut le moment venu de jouer les *deus ex machina* :

« Je te parle ou je te laisse mourir idiot ? lui chuchota-t-il.

– Tu me parles... de Christophe ?

– Après le spectacle. Mais pas ici. *Aux Trois Chopes* ! »

Il était 20 h 15 et Diégo hurla :

« A vos bâtons de rouge et à vos perruques, Los Ringardos! »

Frédéric se promena dans le quartier en se demandant ce que Diégo avait à lui confier. A 22 h 30, il le savait.

« Mais pourquoi ne m'a-t-il rien dit?
– Tu l'aurais poussé dans ton lit? »

Frédéric haussa les épaules :

« Il ne s'agit pas de lit. Nous aurions très bien pu vivre ensemble.
– Sans... »

Les points de suspension qui flottaient dans la voix de Diégo étaient éloquents.

« Il n'y a pas que la baise dans l'existence!
– Il y a pas QUE la baise mais il y a AUSSI la baise! estima Diégo.
– Pas toujours.
– L'un aime et l'autre pas! »

Frédéric protesta :

« Mais j'aime Christophe. Je l'aime à ma façon mais je l'aime. Et j'ai besoin de lui.
– Alors, écris-lui.
– Je n'ai pas son adresse. Et aucun moyen de me la procurer.
– Il reviendra.
– Tu crois?
– Quand on aime comme il t'aime, on revient.
– Mais c'est trop con, merde! Il aurait dû me parler... »

Frédéric se rendit compte de la stupidité de ses récriminations. Christophe avait été ligoté, bâillonné par les inventions de Marion parce que contraint de caricaturer ses propres sentiments.

« Si tu apprenais quelque chose, j'habite chez Diane Dubail, maintenant », poursuivit Frédéric en sortant de sa poche un stylo et un agenda auquel il arracha une page.

Deux jours plus tard, Diégo communiquait le numéro de téléphone de Diane Dubail à Marion qui, convaincue d'avoir été définitivement supplantée par la vedette dans le cœur de son amant, se défendit de le relancer.

CHAPITRE IX

Frédéric garda pour lui les révélations de Diégo. La souffrance qu'avait dû éprouver Christophe et qu'il éprouvait certainement encore commandait de se taire. Bien que généreuse, bien que délicate, Diane ne pourrait pas ne pas éclater de rire en apprenant que l'imaginative Marion n'avait rien inventé. Ou si peu... et le rire de Diane serait une gifle pour Christophe même s'il n'était pas là pour la recevoir.

Frédéric aimait Christophe mais Christophe et lui avaient-ils la même conception de l'amour? Christophe rêvait-il autre chose que d'affection, de tendresse, de complicité? Sans doute s'il fallait en croire Diégo. Frédéric qui n'avait jamais été ému sexuellement par un homme se demanda ce qui arriverait s'il partageait le lit de Christophe...

« Mais nous avons déjà dormi ensemble! »

Oui, mais, cette nuit-là, Frédéric ne savait pas ce qu'il savait aujourd'hui.

Il revit Christophe, malade, dans la salle de bain de Montfort et, vacillant, sur la piste de danse du *Gayridon*.

« J'étais aveugle... »

Il eut honte de sa bêtise, de sa cruauté et tenta – pour se donner bonne conscience? – de mettre en scène une étreinte improbable... mais à laquelle il se promit pourtant de ne pas se dérober si Christophe le regardait avec des larmes dans les yeux.

Un ami de cœur... qui avait employé cette expression d'une grande justesse? Mme Aubry! La redoutable Mme Aubry, apparemment dépourvue de ce cœur dont elle parlait si lucidement. Elle avait depuis longtemps, Frédéric l'aurait parié, deviné la véritable nature de Christophe. Alors pourquoi ne s'était-elle pas opposée à son mariage avec Anne? Réaction typiquement provinciale? Crainte que le célibat prolongé de son fils ne fasse naître des rumeurs... ou volonté de punir un enfant dont elle condamnait les penchants?

A moins qu'elle n'eût espéré qu'Anne pouvait « guérir » Christophe? Frédéric se dit qu'il était trop facile de noircir Mme Aubry... et d'innocenter son entourage. Mais il comprenait mieux, maintenant, pourquoi Christophe avait rompu avec ses amis, sa famille, son métier, son pays. Il devait se sentir terriblement responsable de la mort d'Anne... car contrairement à Frédéric et à Diane, lui seul savait que les ragots colportés par Albert Samson reflétaient la vérité. Sa vérité.

Frédéric avait hâte de l'aider à porter son fardeau.

Quand on aime comme il t'aime, on revient! : du soir où Frédéric entendit cette phrase dans la bouche de Diégo, il commença à attendre Christophe.

Les préparatifs de *Beau-fils* l'accaparèrent à point nommé et, en tant que coproducteur, il put se mêler de l'écriture et de la distribution. En outre, Frédéric dut protéger les amours naissantes de Diane et d'Alain Bouteloup et, quand la grande presse s'empara de l'événement, plaider la cause de la jeune femme auprès d'Herbert Vandair. Frédéric campait toujours rue de Grenelle alors que Diane s'installait chez Bouteloup, avenue Daumesnil.

Le tournage ressembla à des vacances bien que la pluie s'acharnât sur le Paris de juillet.

Pour jouer le très jeune rival de Frédéric et après avoir auditionné une centaine d'adolescents, le choix de Bouteloup se porta sur le fils de sa gardienne d'immeuble – Mathieu, un gavroche farouche de quatorze ans – qu'il croisait chaque jour et pour lequel il avait inconsciemment écrit le rôle. Ce fut Diane qui lui ouvrit les yeux.

Florence Farnèse qui gardait un excellent souvenir de *La mort n'a pas de faux cils* insista auprès de Diane pour participer au film, ne serait-ce que fugitivement – et gratuitement! –, en tant que « vedette invitée ».

« Tu pourras toujours couper sa scène au montage! » suggéra Diane au réalisateur que les exigences de la divine laissaient de glace.

Tourner d'accord, mais tourner quoi? Florence Farnèse devait-elle incarner son propre personnage ou s'essayer à la composition? Un brin pervers, Bouteloup lui demanda de camper une épave éméchée, fredonnant *Que reste-t-il de nos amours?* dans un bistrot de la rue Caulaincourt où se réfugiait un soir l'adolescent fugueur. La Farnèse se tira magnifiquement de l'épreuve et Bouteloup conserva finalement la séquence.

Le 18 août, vingt-deux salles parisiennes affichèrent *La Mort n'a pas de faux cils*. Si le film déçut les critiques qui parlèrent de *Hitchcôte d'azur* et de *Série Noire trop longtemps exposée au soleil*, il attira les foules et arriva en tête au box-office.

Assise avec une amie à la terrasse du *Fouquet's*, Florence Farnèse armée d'une paire de jumelles regardait la file des futurs spectateurs qui s'allongeait et serpentait devant le *Magnum*.

« Le public est au rendez-vous malgré les glapissements dérisoires des déchiqueteurs professionnels! » clama-t-elle.

On fêta la fin du tournage de *Beau-fils* dans un restaurant proche du Sacré-Cœur. Au dessert, Diane se leva pour annoncer :

« Je suis enceinte! »

Florence Farnèse éclata en sanglots et l'équipe toute entière entonna *Que reste-t-il de nos amours?*

« On se croirait au cinéma! » dit le jeune Mathieu.

Beau-fils sortit début décembre. La critique l'encensa mais le public, lui, bouda.

Nullement découragé, le trio Vandair-Dubail-Renoir résolut de se lancer dans une nouvelle production. Manquait le sujet. Diane proposa un point de départ qui amusa puis passionna son compagnon. Convoqué d'urgence avenue Daumesnil, Frédéric pâlit dès qu'Alain Bouteloup ouvrit la bouche.

« Mais c'est TON idée! » dit Diane.

Il s'agissait en effet de la comédie montée par Marion pour détourner les soupçons de son mari.

« Une idée fantastique! renchérit Alain Bouteloup.

— Ce n'est pas une idée mais une partie de ma vie, répliqua sèchement Frédéric.

— Pas de grands mots, je t'en prie! dit Diane en haussant les épaules. Une anecdote, sans plus! »

Frédéric ne voulut rien entendre mais Bouteloup qui avait déjà écrit une cinquantaine de pages l'avertit de son intention de persévérer. Hors de lui, Frédéric accabla Diane de reproches qui n'étaient pas tous justifiés. La jeune femme réagit d'autant plus mal que sa grossesse la rendait extrêmement nerveuse et, bientôt, une porte claquée symbolisa le début d'une brouille à laquelle personne ne s'attendait.

Déjeunant avec Herbert Vandair, Frédéric lui fit part de son envie de remonter sur les planches et ils cherchèrent une pièce. Une reprise? Une création? Frédéric lisait toute la journée.

Prévenu par un coup de téléphone de Florence Farnèse que Diane devait garder la chambre, Frédéric, inquiet, se précipita avenue Daumesnil. Il se réconcilia avec la jeune femme qui lui apprit que, ne parvenant pas à boucler son scénario, Alain l'avait abandonné et travaillait maintenant à une adaptation de *Ruy Blas*, transposé dans les années 50 et qui donnerait lieu à une coproduction franco-espagnole.

« Soulagé? demanda-t-elle.

– Soulagé! » répéta Frédéric qui se félicita de ne pas avoir cédé à la tentation de confier à son amie le secret de Christophe.

La télévision qui était allumée diffusait des flashes publicitaires.

« Regarde! » ordonna Diane.

En tailleur de cuir brun et au rythme d'une musique guillerette, Marion qui s'apprêtait à grimper dans le T.G.V. se retournait pour sourire à la caméra tandis que l'on pouvait lire, en lettres bleues, sur toute la largeur du petit écran : *Clélia fait de vous une autre femme!*

« Triste fin de carrière! » dit Frédéric pour tout commentaire.

Frédéric redevint un assidu de l'avenue Daumesnil et le futur partenaire de Diane dans ce qu'il appelait pour chiner Bouteloup : *Blablas contre Franco*. Tournage prévu en mai. Mais il s'ennuyait de Christophe et se demandait s'il le reverrait un jour. Il eut une liaison avec l'une des secrétaires de Vandair mais ne put la supporter plus d'un mois.

« Je préfère être chaste qu'emmerdé! » dit-il à Diane.

Noël lui apporta un cadeau par l'intermédiaire de Vandair qui avait acquis les droits d'une comédie anglaise : *Retour à l'expéditeur*. La pièce et Frédéric intéressaient la directrice du théâtre Cambon qui proposa une date : septembre. C'était loin!

Beau-fils fut nominé trois fois pour les Triomphes du cinéma, récompenses que l'on décernait chaque année à la mi-mars au Palais des Congrès où scintillaient toutes les étoiles du septième art. Meilleur acteur : Frédéric Renoir. Meilleure actrice : Diane Dubail. Meilleur espoir : Mathieu Fabre.

Malgré l'opposition formelle de son médecin et les supplications de son entourage, Diane voulut assister à la cérémonie. On l'installa au premier rang, près d'une issue de secours.

Ni Diane ni Frédéric ne remporta l'arc de Triomphe miniature tant convoité mais il n'échappa pas au jeune Mathieu qui grimpa sur scène, plein d'assurance, et dérida la glorieuse assemblée en déclarant au micro à propos de son trophée :

« C'est moche mais ça peut servir de coup de poing américain! »

Diane accoucha le lendemain même du gala. Elle eut une fille que l'on baptisa Axelle.

L'adaptation de *Ruy Blas* se révéla décevante et fut refusée par le co-producteur espagnol. Bouteloup renonça provisoirement au projet au profit d'une histoire d'espionnage industriel.

Frédéric accepta de tourner *Un sucre ou deux?* pour la télévision avec la troupe de la Harpe à condition que Marion ne fasse pas partie de la distribution. Il découvrit ainsi qu'il lui en voulait, qu'il la rendait responsable des malheurs de Christophe et de son vague à l'âme.

Le 14 avril, il reçut un coup de téléphone de Diégo :

« Es-tu libre demain après-midi ?
– Je peux l'être...
– Va faire un tour du côté du bassin du Luxembourg, vers quinze heures. Je te laisse à ton bonheur ! »

... *à ton bonheur* ! Pour Frédéric, le bonheur ne pouvait avoir que les traits de Christophe. Donc... Mais oui, de retour à Paris et ne parvenant pas à joindre son ami, Christophe avait, en désespoir de cause, téléphoné à Diégo, le chargeant d'organiser les retrouvailles. Mais pourquoi Christophe n'avait-il pas appelé lui-même ? Timidité ? Pudeur ? Crainte de déranger, de créer des problèmes ?

« Le con, le con ! » s'exclama Frédéric à haute voix, avant de rire.

La joie l'étourdit, brouillant son esprit, lui coupant bras et jambes et il s'effondra sur le lit.

Heureusement qu'il habitait toujours rue de Grenelle et que l'appartement était vaste. Trois chambres. Mais Christophe préférerait certainement coucher dans la sienne et dormir dans son lit. Dans ce lit. De la paume de la main, Frédéric tapota la couverture en patchwork, à l'endroit même où, demain soir, serait allongé Christophe. Qui du désir ou de la tendresse remporterait une bataille qui, de toutes façons et quoi qu'il arrivât, serait douce et où il n'y aurait ni vainqueur ni vaincu ? Ce qui comptait, c'était de se regarder, de s'écouter, de se parler à cœur ouvert, d'éclaircir l'horizon et de préparer l'avenir.

Le téléphone, encore. Cette fois, c'était Diane.

« On file en Bretagne... tu sais que les parents d'Alain possèdent une maison à Plouharnel, dans la presqu'île de Quiberon ? Ils nous la prêtent pour un mois. Nous serions ravis de t'avoir... surtout

qu'Alain ne s'en sort pas avec son scénario! Frédéric, tu es toujours là?
— Oui, oui.
— Ton oui n'est ni convaincu ni convaincant! Des ennuis?
— Non, je te jure.
— Alors prends un papier pour que je te donne l'itinéraire... Tu y es? D'abord l'autoroute de l'ouest et puis... »

Frédéric écrivait machinalement, sous la dictée, incapable de donner un sens aux mots qu'il alignait les uns à côté des autres.

« ... c'est un trou, tout le monde connaît la maison des Bouteloup! Viens vite, je t'embrasse.
— Moi aussi, Diane. »

Qu'avait-il noté? *Plouharmel* ou *Plouharnel*?

La Bretagne amuserait-elle Christophe? La Bretagne, peut-être, mais pas Diane!

« Et s'il n'était que de passage? »

Non! Frédéric repoussa cette éventualité qui risquait de miner insidieusement son euphorie.

« S'il veut repartir, je le ferai changer d'avis... ou je partirai avec lui! »

Comment occuper cette longue journée, cet entracte entre les souvenirs et une intimité aux limites imprécises, ces vingt-quatre heures où tout semblerait possible puisque la réalité ne pesait encore d'aucun poids?

Frédéric consulta *Pariscope* à la rubrique « Films nouveaux » pour se retrouver à la cinémathèque de Chaillot où Christophe l'avait si souvent accompagné dans le passé. Il y vit un mélo datant de 1947 : *La Figure de proue* et imagina un *remake* avec Diane et lui-même dans les rôles tenus par Madeleine Sologne et Georges Marchal.

A propos de Diane, il devait absolument – et Vandair était d'accord – dissocier sa carrière de celle de son amie. Et le scénario sur lequel peinait Bouteloup lui plaisait surtout parce que les personnages principaux étaient des hommes.

Après Chaillot, Frédéric accomplit une sorte de pèlerinage : un petit tour rue du Cardinal-Lemoine. Pourquoi avait-il gardé son ancien appartement où il n'avait pas mis les pieds depuis une année? Superstition? Nostalgie? Conviction que la chance dont il bénéficiait sur le plan professionnel ne durerait pas? Il n'aurait pas su le dire.

Il décida d'aller saluer Mme Zinelli, la concierge. Elle y serait si sensible! Mais dans la loge trônait une imposante portugaise qui lui expliqua plus avec ses mains qu'avec des mots que Mme Zinelli, malade, était à l'hôpital.

Un peu contrarié, Frédéric remonta dans sa voiture, une Alfa-Roméo qu'il conduisait sans véritable plaisir. « Et si mal! » disait Diane, mimant l'effroi. Il revint rue de Grenelle après avoir effectué quelques achats au Drugstore Odéon afin de ne pas être pris au dépourvu si Christophe préférait dîner chez lui qu'au restaurant.

Frédéric s'installa devant la télévision, sautant d'une chaîne à l'autre, puis, mécontent des programmes, brancha le magnétoscope et se projeta *Autant en emporte le vent*. De quoi meubler sa soirée... et un moyen sûr de s'attirer les bonnes grâces du sommeil!

Le lendemain matin, Frédéric traîna au lit. Il s'était promis de relire *Retour à l'expéditeur* – un titre prophétique! Il se plongea donc dans la brochure. La directrice du théâtre Cambon l'appela vers midi et il se réjouit de cette coïncidence.

« Cher ami, il faudrait se rencontrer pour parler de la distribution. Prenons date... »

« Prendre date »... toute une époque! Le rendez-vous fut fixé au mercredi suivant à quinze heures au théâtre. Quinze heures : encore un signe!

Il avala une salade d'endives, une cuisse de poulet et un café, passa sous la douche, se rasa et s'habilla. Un pull jacquard qui revenait à la mode sous un blouson d'aviateur en agneau-velours havane.

« Ai-je changé? A-t-il changé? »

A 14 h 55, il gara son Alfa-Roméo rue Guynemer.

« Inutile d'arriver trop tôt » se dit-il alors qu'il franchissait déjà les grilles du jardin du Luxembourg, inondé de soleil. Il croisa deux adolescentes qui se retournèrent sur lui avant de le rattraper.

« Vous êtes Frédéric Renoir, hein?
— Ah! non, répliqua-t-il sans réfléchir. Mais je sais que je lui ressemble, on me l'a souvent dit. Désolé! »

Il cligna de l'œil, s'éloigna et entendit dans son dos :

« Je te jure que c'est lui. Connard, va! »

Frédéric contourna les courts de tennis, le théâtre de Guignol, des statues de pierre et descendit quelques marches pour atteindre le bassin où une dizaine d'enfants en bas âge surveillés par des femmes plus ou moins attentives s'efforçaient de faire naviguer des petits bateaux à voile au risque de piquer une tête dans l'eau.

15 h 05. Christophe était en retard.

« Et si je m'étais raconté des histoires? Après tout, Diégo ne m'a donné aucun nom! » pensa Frédéric, soudain saisi de panique.

Assise derrière lui, les yeux cachés par des lunettes de soleil, une jeune femme blonde en trench-coat noir avec un sac en bandoulière quitta sa chaise de fer et s'approcha de lui.

« Si elle me demande un autographe, je l'envoie chier! » se dit Frédéric, les nerfs à vif.

« Bonjour, Frédéric... »

Stupéfait, Frédéric regarda la blonde qui enlevait ses lunettes, la blonde fragile, ravissante, à peine maquillée.

« Frédéric... »

Cette voix... et ces yeux clairs. Non! Il était en train de délirer.

« Frédéric, c'est bien moi...
– Toi?
– Oui, moi. Christophe. »

Comme ébloui par un soleil d'enfer, Frédéric ferma les yeux et vacilla. Christophe prit son ami par le bras et le guida jusqu'à un banc de pierre.

« C'est toi?
– J'ai changé. Je sais.
– Le mot est faible! murmura Frédéric qui luttait contre une forte envie de pleurer.
– J'ai changé. De genre, de sexe, de voix.
– Mais c'est... c'est monstrueux!
– Monstrueux? Ce n'est pas gentil.
– Arrête, Christophe! supplia Frédéric.
– Arrêter quoi? On ne peut pas revenir en arrière. »

Maintenant, les larmes coulaient sur les joues de Frédéric et Christophe lui posa ses lunettes noires sur le nez :

« Ne pleure pas, je t'en prie.
– Mais enfin, c'est impossible...
– Aujourd'hui, tout est possible. La preuve! Il suffit d'oser, d'avoir de la patience. Et d'accepter de souffrir, aussi.
– Je crois que je vais tourner de l'œil, avoua Frédéric.
– Alors, il faut marcher. »

Ils se levèrent, Frédéric soutenu par Christophe, heureux de ce contact étroit. Couple étrange, se mouvant au ralenti.

« Je rêve, gémit Frédéric.

— Oui, nous rêvons tous les deux. Mais nous ne sommes pas dans le même rêve. Pas encore!

— Pas encore?

— J'espère qu'un jour, tu approuveras ma... ma métamorphose.

— Non, non, non!

— Ne sois pas si catégorique...

— Pourquoi ne m'as-tu pas demandé mon avis? Je ne reconnais rien en toi.

— Les yeux, tout de même? dit Christophe en écartant sa mèche blonde.

— Les yeux, oui, admit rageusement Frédéric. Mais pas la coiffure! Et puis, lâche-moi! ordonna-t-il.

— Ce n'est pas la peine de crier.

— Je crie parce que je suis malheureux. Je t'aimais tel que tu étais.

— Il fallait me le dire!

— Mais je l'ignorais avant que tu ne disparaisses. Je t'aimais tel que tu étais et jamais je n'aimerai ce que tu es devenu!

— Parce que tu es suffoqué, choqué même... mais peut-être que dans quelques jours, dans quelques semaines, tu pourras...

— ... je pourrai te prendre dans mes bras? continua Frédéric d'un ton sardonique. Mais je rigolerai, mon vieux, je rigolerai! Tu es fou, voilà la vérité.

— Si c'est ce que tu penses... »

Sur le court de tennis s'agitaient des silhouettes blanches mais ils ne les voyaient pas. Des enfants se poursuivaient en criant entre les arbres mais ils ne les entendaient pas.

« Frédéric, il vaut mieux se séparer... je veux dire : pour aujourd'hui. Tu dois réfléchir, penser à moi... différemment. »

Christophe avait sorti une cartelette de son sac; il la glissa dans la poche du blouson de son ami :

« Mon téléphone. Je suis à l'hôtel.

– Sous quel nom? rugit Frédéric. Christopha?

– J'attends ton appel. Je ne vis que pour cela. Va-t'en, maintenant », conseilla Christophe.

Frédéric s'éloigna, titubant comme un boxeur qui aurait reçu un mauvais coup. Christophe se rendit compte que son ami avait conservé ses lunettes. Présage?

A petits pas, il se dirigea vers les grilles ouvertes sur le boulevard Saint-Michel. Il refusait de se laisser impressionner par la violente réaction de Frédéric. Réaction à laquelle il s'était préparé, réaction redoutée mais prévue... même s'il n'avait pu s'empêcher d'en imaginer une version plus romantique.

La veille, quand après avoir téléphoné rue du Cardinal-Lemoine et écouté le message débité par le répondeur, Christophe s'était résigné à appeler Diégo, il avait été tenté de le mettre au courant de sa transformation physique mais, au dernier moment, il s'était abstenu.

« Tu as une drôle de voix, avait dit Diégo.

– Trachéite! »

Un jeune homme tout en kaki – blouson de G.I. et treillis – ne pénétra dans le jardin que dans le but d'accoster Christophe :

« Fait beau, hein? Je t'offre un verre? »

Christophe déclina l'offre d'un signe de tête dont le garçon ne parut pas se formaliser :

« Tant pis pour toi. Tu ne sais pas ce que tu perds! »

Christophe descendit le boulevard Saint-Michel qu'il abandonna bientôt pour le boulevard Saint-Germain et regagna l'hôtel de Londres.

« Je dînerai dans ma chambre, annonça-t-il à l'employé de la réception. Je téléphonerai.
– Très bien, mademoiselle Aubry. »
Allongé sur son lit, Christophe se prêcha le calme et la patience.
« Après tout ce que j'ai subi, l'attente est un moindre mal. Et puis, je suis dans la même ville que lui, je respire le même air... »
Il se fit aussi une promesse : « Je ne bougerai pas de cette chambre tant que Frédéric ne se sera pas manifesté! »
Frédéric aurait, tôt ou tard, envie, besoin de lui parler... et peut-être même dès ce soir! De lui parler, de s'expliquer ou de l'insulter. Christophe était prêt à tout entendre : injures, reproches... Ce qu'il fallait, c'était que Frédéric le relance même avec les plus mauvaises intentions du monde. A Christophe de renouer les fils... ne seraient-ils que téléphoniques!
Ils décideraient de s'appeler chaque jour, à une heure précise. Ce serait charmant et Christophe ne demandait rien d'autre dans un premier temps. Frédéric, lui, exigerait vite davantage...
Christophe décrocha le téléphone :
« La réception? Ici, Mlle Aubry, chambre 47. Personne ne m'a appelée?
– Non, mademoiselle.
– Merci. »
Attendre. Toujours attendre.
« Après tout ce que j'ai enduré! » dit Christophe à la jeune femme blonde qui, dans le miroir, semblait partager son émotion.
Il prit un bain, de la mousse jusqu'aux épaules, revivant avec intensité le rendez-vous du Luxembourg dans ses moindres détails, des détails qui, rétrospectivement prenaient valeur de signes ou de symboles, trouvant successivement dans cette

reconstitution romancée de quoi espérer et de quoi trembler.

Sa montre était-elle arrêtée ? Non ! Il ne serait que 17 h 15 ? Invraisemblable !

En peignoir blanc, Christophe alluma la télévision et suivit distraitement une émission de variétés à laquelle se superposèrent souvenirs et fantasmes où Frédéric n'était jamais au second plan.

Il commanda son dîner par téléphone :

« Des choses légères; ce que vous voudrez... »

Il grignota, les yeux sur le petit écran, charitable pourvoyeur d'images. Mais il lui arrivait aussi de regarder le téléphone comme pour l'encourager à sonner.

Le film terminé, Christophe retourna s'étendre avec, posé sur l'oreiller, un petit transistor. La nuit serait longue et le sommeil, difficile d'accès.

« Allô, la réception ? Ici, mademoiselle Aubry. Pas de coups de téléphone pour moi ?

– Non, mademoiselle.

– N'hésitez pas à m'appeler. A n'importe quelle heure...

– Entendu, mademoiselle. »

A 23 h 30, Europe I diffusa un flash spécial :

« *Nous apprenons la mort de Frédéric Renoir, le comédien a été victime, cette nuit, d'un accident sur l'autoroute de l'Ouest. A la suite de l'éclatement d'un pneu, son Alfa-Roméo qui roulait à vive allure a heurté la glissière de sécurité avant de se retourner et de prendre feu. Frédéric Renoir a été tué sur le coup. Ainsi disparaît tragiquement, à trente-quatre ans, un acteur dont la performance dans* Beau-fils *avait été saluée par les critiques et lui avait valu une nomination aux Triomphes.* »

Comme si un ordre venait de lui être donné, un ordre émanant de très haut et d'une telle importance qu'il accaparait toutes ses facultés et ne laissait place qu'à la soumission, Christophe se leva et s'habilla.

Dehors, il marcha jusqu'au parking Saint-Germain où il avait garé la Morgan rouge, louée à son arrivée à Paris. Il prit la direction de la porte d'Orléans et roula à grande vitesse pendant deux heures sans ressentir la moindre fatigue; ce qu'il avait à accomplir le mettait à l'abri des aléas et aussi des faiblesses de son organisme.

A 1 h 40, il était à Châtignes et à 1 h 50 dans la maison familiale dont il avait toujours les clefs. Il alluma toutes les lampes du rez-de-chaussée et pénétra dans ce qui avait été, dans ce qui était encore le bureau de son père. Il savait qu'il y avait un revolver dans l'un des tiroirs du secrétaire Empire. Revolver que M. Aubry tenait lui-même de son père, une relique de la Résistance.

Christophe mit l'arme dans son sac tandis que retentissait un bruit surgi du passé, réveillant d'enfantines terreurs : des claquements de mules sur les marches de marbre.

« Comment êtes-vous entrée ici? demanda Mme Aubry qui, en chemise de nuit, avait hâtivement jeté un peignoir sur ses épaules. J'appelle la police...

— ... si tu ne crains pas le ridicule... mais ce serait nouveau chez toi, maman! » répliqua Christophe.

Ce « maman » figea un instant le visage de Mme Aubry mais un instant seulement.

« Christophe! lança-t-elle d'un air méprisant.

— Christopha! corrigea Christophe en insistant sur la dernière syllabe de son prénom.

— Voilà où tu en es... tu te déguises pour cambrioler!

— Je ne suis pas déguisée, maman. Je me suis fait opérer. J'ai des seins et un sexe de femme. Tu aurais tant voulu avoir une fille... eh bien, réjouis-toi, tu en as une! »

Atteinte de plein fouet, Mme Aubry triompha cependant de sa stupeur pour conserver l'avantage et marquer un point :

« Tu ne vas pas embrasser les Delbret?

— Il est trop tôt. Et puis, ils ne méritent pas la peine que je pourrais leur causer.

— Tandis que moi...

— Tu n'as pas de peine. Tu n'en as jamais eu. Mais je ne t'en veux pas; ce n'est pas ta faute.

— Tu es trop bon... ou devrais-je dire : tu es trop bonne?

— Si c'est de l'humour, il te reste des progrès à faire.

— Qu'es-tu venu chercher ici?

— Le moyen de punir les coupables. Rassure-toi, tu n'es plus du nombre. Adieu, maman!

— Adieu? répéta Mme Aubry, ébahie parce qu'alertée.

— Oui, adieu. Y a-t-il un mot qui, dans ma bouche, pourrait te faire plus plaisir? »

Cette fois, Mme Aubry ne trouva rien à répondre.

Pour Christophe, sa mère, sa maison et Châtignes perdirent toute réalité dès qu'il ne les eut plus sous les yeux. Prédominait en lui un sentiment de satisfaction et la certitude que sa mission se déroulerait sans anicroche.

A dix heures trente, il arrêta sa Morgan dans le petit chemin qui menait chez les Chassagnes. La présence du jeune Jérôme qu'il se devait de ménager lui interdisait d'aller frapper à la porte du pavillon de chasse et de précipiter des événements dont il ne doutait pas qu'ils s'accompliraient; il y avait trop de noms inscrits au triste palmarès de Marion, Guillaume, tout d'abord, tué par le mensonge de sa femme, même si Monelle en avait été l'agent exécuteur. Et Monelle, victime, elle aussi. Il y avait Anne, poussée au suicide et Frédéric, lui, poussé vers une gloire qui s'était vengée de n'avoir jamais été vraiment désirée.

Christophe ne craignait rien pour lui-même : n'était-il pas déjà mort sur la table d'opération du *Manning's Hospital* de San Francisco?

Utilisant le rétroviseur comme un miroir, il rougit ses lèvres et se donna un coup de peigne avant de mettre pied à terre.

Marion apparut vers onze heures, légère et détendue, et Christophe devina qu'elle n'avait pas écouté la radio, qu'elle ignorait ce qui s'était passé, la nuit dernière, sur l'autoroute de l'Ouest.

Elle avançait sans se presser, auréolée par le soleil, en complète harmonie avec le paysage puisque la couleur de sa robe était un subtil mélange du vert des arbres et du bleu du ciel.

Christophe ne la quittait pas des yeux et Marion, un peu étonnée mais souriante, le regardait sans le reconnaître.

Quand elle ne fut plus qu'à cinq ou six mètres de lui, Christophe glissa la main dans son sac, brandit le revolver, visa la jeune femme et tira.

IMPRIMÉ EN FRANCE PAR BRODARD ET TAUPIN
58, rue Jean Bleuzen - Vanves - Usine de La Flèche.
LIBRAIRIE GÉNÉRALE FRANÇAISE - 14, rue de l'Ancienne-Comédie - Paris.
ISBN : 2 - 253 - 03763 - X

30/6117/3